Sahar Khalifa

Memoiren einer unrealistischen Frau

Sahar Khalifa

Memoiren einer unrealistischen Frau

Aus dem Arabischen von
Leila Chammaa

Unionsverlag
Zürich

Die arabische Originalausgabe erschien 1986 in Beirut unter dem Titel
Mudakkirat imra'a ġair wāqiciya

Rieterstrasse 18, CH-8059 Zürich
Telefon (0041) 01-281 14 00

Umschlaggestaltung: Heinz Unternährer, Zürich
Satz: erstellt mit WordPerfect 5.1™
Belichtung: Johannes Schimann, Ingolstadt
Druck und Bindung: Ebner Ulm
ISBN 3-293-00170-X

Ich bin die Tochter des Inspektors; ich blieb es, bis ich heiratete, wurde dann die Ehefrau eines Händlers. Gelegentlich bin ich beides. Verspottet mich mein Mann, so nennt er mich »Inspektorentochter«, ist mein Vater verärgert, nennt er mich »Händlersgattin«. Ja, gewiß, ich war glücklich, die Tochter des Inspektors zu sein. Denn der Inspektor verkörpert Wissen und Würde, er besitzt Autorität über die gesamte Lehrerschaft. Ging mein Vater durch die Straßen, erhoben sich viele Hände zum Gruß: »Guten Morgen, Herr Professor« oder »Guten Abend, Herr Professor«, »Auf Wiedersehen, Herr Professor« und »Willkommen, Herr Professor«. Meinem Vater gelang es vortrefflich, sich wie ein Professor zu gebärden, im Klassenzimmer, zu Hause, überall. Entsprechend verhielt man sich auch ihm gegenüber. Aufmerksam folgte man seinen Erläuterungen, nickte dabei mit dem Kopf und sprach: »Recht haben Sie, Herr Professor.« Diese Anrede genoß mein Vater sichtlich. Seine Ausführungen fanden kein Ende, während die Leute nickten und nickten. Und ich war maßlos stolz. Je stolzer ich wurde, desto mehr wollte ich hören. Weil ich darunter litt, als dumm zu erscheinen, behielt ich meine Fragen und Eindrücke für mich. Ich zog meine Lippen zusammen und ging mit festem und sicherem Schritt. Damit war ich so lange zufrieden, bis es mich langweilte. Ich stieß einen explosionsartigen Laut aus, woraufhin mein Vater sagte: »Das ist ein flatterhaftes Mädchen!« Um meine Festigkeit wiederzuerlangen und nicht für dumm zu gelten, fragte ich nicht nach der Bedeutung des Wortes. Im geheimen schlug ich im Wörterbuch nach und stellte fest, daß es eindeutig im Zusammenhang mit »Luft« steht. Ich war beruhigt, denn Luft ist leicht, erfrischend und lebenswichtig. Mein Vater erklärte die Sache aber aus einem anderen Blickwinkel. Er behauptete, Flatterhaftigkeit sei ein Mangel an Ehrfurcht. Entsetzt über diese Vorstellung, ordnete ich mich unter, um gelobt zu werden. Schließlich hatte ich es satt; ich atmete heftig aus. Als ich wieder einatmete, blieb allen anderen die Luft weg.

Ich war die Tochter des Inspektors, bis ich heiratete, wurde dann die Ehefrau eines Händlers. Ich fühlte mich sehr erhaben als Tochter des Inspektors, des Professors und als Sproß einer ehrenwerten Familie und weil mein Vater alle Familienangelegenheiten mit Stolz und Würde behandelte.

Meinem Vater wurde wegen seiner beruflichen Stellung Hochachtung entgegengebracht; die Würde hatte er von seiner Familie geerbt. Man konnte gar nicht umhin, ihn zu achten. Natürlich wurde auch ich, Tochter eines geachteten Mannes, respektiert. Nun ließ ich aber meiner Flatterhaftigkeit freien Lauf und überschritt dabei das akzeptable Maß. Aber schnell gewann ich meinen Atem wieder, zügelte mich und festigte meine Schritte. Ich ließ meine Lippen ihre gewohnte Stellung einnehmen, und mein verschlagener Gesichtsausdruck wich einer Unschuldsmiene. All das führte dazu, daß mich die Leute als schamlos charakterisierten. Mit der Zeit entdeckte ich, daß ich eine schamlose Respektierte oder eine respektable Schamlose war. Ich begann zutiefst an meiner Identität zu zweifeln. Zwar war ich ein Mädchen, aber in meiner Angst, die aus den Ängsten der Leute um mich entstand, verhielt ich mich wie ein Junge. Ich fühlte mich als Zwitter. Da ich den Wunsch hatte, mehr Respekt zu erlangen, lehnte ich meine Eigenschaften ab und wurde zu einem Hermaphrodit. Sie ist weder Mann, noch ist sie Frau. Diese Worte hörte ich die älteren, erfahrenen Frauen der Familie lächelnd oder düster, wohlwollend oder warnend über mich sagen. Mir war ihr Gerede recht, ich fürchtete das Schweigen mehr.

Meine Identität wurde noch diffuser, als ich in der Schule feststellte, daß die Mädchen armer Familien unbeugsamer, aufrichtiger und geistreicher waren. Meine mühevollen Versuche, sie im Sprechen und Verhalten nachzuahmen, bewirkten nur, daß ich von beiden Seiten abgelehnt wurde. Die reichen Mädchen akzeptierten mich nicht in ihrem vornehmen Milieu. Die armen Mädchen nahmen mich nicht in ihre zerrüttete Umgebung auf. Die einen blickten mich verächtlich aus den Augenwinkeln an, die anderen schauten mir mahnend ins Gesicht. Ich verlor mich zwischen diesen und jenen, so wie ich mich bereits zuvor zwischen dem Weiblichen und dem Männlichen verirrt hatte. Dennoch blieb ich die Tochter des Inspektors und wurde dann die Ehefrau eines Händlers. Ich verlor mich zwischen meiner Vergangenheit, meiner Gegenwart und den Wegweisern der Zukunft. Sie zu deuten, war ich nicht in der Lage. Das Schwanken wurde zu einem festverwurzelten Zustand. Außerstande, über mich selbst zu entscheiden, überließ ich mich ihren Entscheidungen und Befehlen. Selbst da verlor ich mich zwischen und in ihren Befehlen. Weder war ich eine gute Ausführende, noch war ich eine erfolgreiche Meuterin. Kein Wunder, daß ich auf wackligen Beinen stand und mir die Hände zitterten. Ich ließ denn auch viel Glas fallen, das dann verstreut auf dem Boden lag, und verletzte mir den Schenkel. Noch mehr Stolpersteine. Unter Schreien und Fluchen meiner Mutter sammelte ich die Scherben auf und schnitt mir in die Hand. Als ich das Blut sah, überkam mich Angst. Ich wollte allem den Rücken kehren, hing jedoch fest. An Ort und Stelle erstarrt, stand ich auf einem Bein, während das andere in der Luft schwebte.

So kam ich zur Ruhe und unterbrach meine Mühsal. Ein Bein auf dem Boden, eins in der Luft. Jahre schlummerte ich in dieser Stellung. Als ich eines Tages aus dem Schlaf erwachte, fand ich mich als Ehefrau eines Händlers wieder. Welch ein Unglück. So viel Ansehen hatte mich im Hause des Inspektors begleitet. Ich verzweifelte. Überzeugt, daß das Unglück mein Los war, versuchte ich auch nicht, verändernd einzugreifen. Nur im Traum und durch die Lüge versuchte ich, etwas zu verändern. Aber damit läßt sich kein Weg bahnen. So blieb ich reglos erstarrt. Wehe ihr, wenn sie sich dreht, und wehe ihr, wenn sie sich nicht dreht. Es kam mir vor, als stellte ich mich gegen den Wind. Es war, als blase er mir ins Gesicht, und ich gab den Stoß zurück. Ich begann, die Melodie der »Flatterhaftigkeit« wieder anzustimmen. Das Wörterbuch versicherte mir von neuem, daß dieses Wort mit unser aller Lebensgrundlage zusammenhängt. Ich sagte mir, da die Luft belebend, lieblich und leicht ist, bin auch ich lebendig und sympathisch. Wer diese Eigenschaften aber offen zeigt, erleidet Unrecht.

1

Mit den Dingen verbinden mich Geschichten. Für mich existiert keine Trennungslinie zwischen Menschen, Tieren, Pflanzen und Gegenständen. Sie sind in meinen Augen alle Dinge. Auch die Menschen sind Dinge? Gott bewahre! Aber Dinge sind Menschen. Für mich leben die Dinge in ihrer eigenen Welt und die Menschen ebenso in einer eigenen Welt. Die Welt der Menschen und die der Katzen, die Welt der Äpfel, die der Geschichten und der Lieder. Lauter eigene Welten. Ich behandle die Dinge mit einer Zärtlichkeit, die fast schon kindisch ist. Gehe ich mit ihnen freundschaftlich um, erwidern sie meine Gefühle. Ganz anders die Menschen. Nähere ich mich ihnen, fügen sie mir Leid zu. Doch war es nicht meine Schuld. Ich wurde so geboren, nein, vielmehr wurde ich zu dem geformt. Ein Mädchen zu sein, das erkannte ich, ist ein Unglück. Das Männliche bäumte sich vor mir auf, eingehüllt in ein königliches Gewand. Ich begriff, daß Liebe Schande ist, deshalb bedeutete mir das Männliche den kürzesten Weg ins Grab. Auch verstand ich, daß es Hochachtung ohne Folgsamkeit und Gehorsam nicht gibt. Ich gehorchte, bis ich es leid war. Ich explodierte. Ich drückte das Wörterbuch an mich. Ich fand »Anbar«, verbarg sie an meiner Brust und versteckte mich mit ihr.

Mit dem Apfel verbindet mich eine Geschichte. Mein Vater hielt mich an der Hand, während wir durch die Straßen gingen. Ich sah Männer mit Hüten und Ziegenbärten, hohe Gebäude und Läden, voll mit bunten Dingen, die den Blick einfingen. Ich war ein Kind von der Größe einer Katze und hatte Phosphoraugen. Zum ersten Mal erblickte ich Frauen mit ärmellosen Kleidern. Wir befanden uns in Jaffa. Die Stadt war immer noch eine besondere Stadt. Wir kamen an einem Apfelverkäufer vorbei, der die Äpfel auf seinem Wagen zu einer Pyramide aufgetürmt hatte. Wie immer war ich hin und weg. Ich blieb wie angewurzelt stehen und ging keinen Schritt weiter. Mir wurde ein Apfel, riesig wie ein Ballon, ausgesucht. Er war rot und glänzte wie ein Rubin. Obwohl mein Vater drängte, aß ich ihn nicht. Als er sah, wie ich den Apfel in den blendenden Sonnenstrahlen drehte und wendete, lachte er. Er holte ein Taschentuch hervor, polierte den Apfel, so daß er noch stärker glänzte und meine Begeisterung zunahm. Mal rieb ich ihn an der Brust, mal betrachtete ich ihn, hüpfend, in der Sonne. Ich war so sehr mit dem Apfel beschäftigt, daß ich mich selbst vergaß. Ich schwieg und sah nichts außer meinem Apfel. Mein Vater summte beim Autofahren. Denn trotz seiner respektablen Stellung liebte er es zu summen. Ich bewegte meinen Kopf im Takt dazu, während mein Blick wie gebannt an der roten Farbe hing. Ich rieb ihn, und er glänzte; ich betrachtete ihn lächelnd, und mein Vater lächelte. Da ich noch klein war, lächelte mein Vater nur und sagte: »Iß ihn!« Aber ich drückte ihn an meine Brust, und er erwiderte meine Berührung. Der Apfel war kein Apfel, er war ein lebendiges

Wesen. Wäre sein Name nicht Apfel, hätte ich ihn Samira oder Amira genannt.

Als wir zu Hause ankamen, versammelten sich die Kinder um mich und schrien: »Ein Apfel, ein Apfel!« Ich erschrak. Ich umklammerte ihn, und mir war, als würde mir die Seele aus dem Leib gerissen. Sie versuchten, mir den Apfel zu entwinden, doch kämpfte ich um ihn. Ich hörte, wie meine Mutter meinen Vater nach dem Arztbesuch fragte. Ich wünschte mir so sehr, er würde sagen, ich sei krank und müsse bald sterben. Vielleicht ließen sie dann den Apfel in Ruhe. Um mich waren nur noch Kindergeschrei und der Apfel.

Meine Mutter tadelte den Vater auf sanfte Weise. Er erwiderte, die Stadt sei voll von Äpfeln, und ich sei nicht krank. Sie versuchten, mir den Apfel zu nehmen. Ich rollte mich um ihn und wurde zu seiner menschlichen Hülle. Schließlich trennte meine Mutter mich doch von dem Apfel. Ich hängte mich an sie, weinte, schimpfte. Sie schlug mich. Aber ich hängte mich nur noch fester an sie. Ich fühlte, wie meine Haut brannte, als die Kinder »Ein Apfel, ein Apfel!« schrien. Sie hatten mir den Apfel entrissen, und ich wurde gewahr, wie ein gewaltiges Messer den Apfel schlachtete und ihn in Stücke zerteilte. Als ich sah, wie meine Mutter die rote Schale abzog, stellte ich mir sein Blut vor und fürchtete mich; ich haßte. Ich vergoß Tränen um ihn. Der Apfel hatte gelebt, und jetzt war er tot. Ich hatte ihn und er mich geliebt. Ich hatte ihn an meine Brust gedrückt und er sich an mich geschmiegt. Er war von mir, von meiner Welt. Und da war die Mutter; sie hielt mir ein geschältes Stück hin, das auf einem Messer aufgespießt war. Ich sollte das

Fleisch des Apfels essen! Ich warf mich auf den Boden und stellte mich tot; sie glaubten mir nicht. Ein Verwandter fragte, was mit mir sei, näherte sich mir und hätschelte mich, denn ich war noch klein. Er fragte nach dem Grund meines Todes, sie antworteten: »Der Apfel!«

Er wandte sich an mich, obwohl ich tot war: »Stimmt es, daß du so gierig bist und den Apfel allein essen willst?«

Ich erwachte plötzlich aus dem Tod und schrie: »Ich, den Apfel essen? Wie könnte ich je den Apfel essen?«

Als sie in Gelächter ausbrachen, explodierte ich. Meine Kehle war zugeschnürt, und ich schlug meinen Kopf auf den Boden, daß es widerhallte. Unaufhörlich brüllte ich: »Dieser Apfel ist anders, anders!«

Während ich den Kopf auf den Boden schlug, äfften sie mich fortwährend nach: »Dieser Apfel ist anders, dieser Apfel ist anders!«

Auch meine Katze ist anders. Sie liebt mich, hört mir zu und erzählt mir Geschichten. Geschichten für Kleine, Geschichten für Große und die Geschichte, die mich mit dieser Welt verbindet. Ich fand sie auf einem Müllhaufen. Ich nahm sie mit, putzte sie und machte aus ihr einen Menschen. Dann sagte ich zu ihr: »O meine Katze, meine Katze! Ich nenne dich Anbar!«

Sie sagte: »Miau!«

Sofort verstand ich: »Miau« bedeutete »Ja«. Prüfend sagte ich: »O meine Katze, meine Katze, wenn du mich ärgerst, werfe ich dich aus dem Fenster.«

Sie sagte: »Miau!«

Sofort übersetzte ich »Miau«: Es war ein »Nein«.

Ich freute mich, lachte, und Anbar lachte auch. Wir waren sehr glücklich miteinander. Anbar hatte Afaf, Afaf aber Anbar gefunden. Als Afaf jedoch verlorenging, fand ich Anbar.

Eine wunderschöne Katze. Sie hat weißes, geflecktes, buschiges Fell. Ihr Gesicht ist eine Jasminblüte, und ihre Ohren sind zwei Blüten Arabischen Jasmins. Ihre Nase ist eine Hyazinthe und ihr Schwanz ein Federbündel. Sie reizte ihn. Sie durchschaute seine List, was ihn wütend machte. Immer wieder verpaßte er ihr einen Fußtritt, so daß sie gegen die Badezimmerwand prallte. Dann hörte ich ein unterdrücktes Wimmern, das von einem Häufchen Fell und Knochen herrührte. Heimlich weinte ich, und wenn er nicht aufpaßte, nahm ich sie auf den Schoß. Ich flüsterte: »Hat er dich geschlagen?«

»Miau!«

»Hat dich das Tier geschlagen?«

»Miau!«

»Mich schlägt er auch!« Und ich grub mein Gesicht in ihr Fell und weinte noch mehr.

Er wollte sie unbedingt loswerden, dennoch ließ ich mich nicht abbringen. Wie gewöhnlich sagte er, wobei der Whisky seine Stimme beeinträchtigte: »Du bist verrückt!« Ich antwortete nicht, hielt Anbar auf dem Schoß, und meine Augen waren auf den Fernseher geheftet. Darin sang eine Frau: »Wer geliebte Menschen hat in seinem Land.« An dieser Stelle begann die Spirale sich einzubohren, als dringe eine brennende Pfeilspitze in meine Brust, grabe sich hinein und bleibe zwischen meinen Rippen stecken. »Wer geliebte Menschen hat in seinem Land, hat geliebte Menschen in seinem Land.« Meine Tränen begannen still zu rinnen, die Katze richtete ihre Ohren auf. Ich nahm sie und ging ins Badezimmer.

Ich fürchtete mich, vor Leuten zu weinen. Dennoch tat ich es. Ich weinte vor ihnen, weil meine Tränen schneller waren als ich. Sie entrannen mir, bevor ich entrinnen konnte. Meine Tränen rannen, sie fielen nicht tropfenweise, sondern flossen wie ein reißender Strom. Es bildete sich eine heiße Linie, die sich von den Augen hinab zum Kinn entlangzog. Eins habe ich mir während meiner Gefängnisjahre angeeignet, nämlich mein Schluchzen zurückzuhalten, bis ich das Badezimmer erreichte. Dies lehrte mich nicht die Scham, sondern die Angst. Ich hatte Angst davor, »Verrückte« genannt zu werden. Trotzdem behielt ich Anbar. Denn Anbar war kein Apfel.

Anbar war zugleich meine Katze, mein Kind und meine Großmutter, wenn sie Geschichten erzählte. Seit meiner Kindheit bin ich in die Geschichten vernarrt. Wir nannten sie »Geschichtchen«. An Wintertagen sammelten wir uns um den Ofen, auf dem wir Käse brieten, so daß sich im Haus ein warmer satter Duft verbreitete. Wir wärmten das Brot auf der Glut, bis es sich rötete. Manchmal vergaßen wir es auf dem Feuer, dann verkohlte es, und das Haus füllte sich mit Rauch. Aber wir lauschten nur der Geschichte von Hasan, dem Tüchtigen, der nächtlichen Siham und den drei Rosen. Von den Rosen war jede eine schöne Frau, so schön, daß sie einen blendete wie das Sonnenlicht. Deshalb bedeckten die Leute beim Vorübergehen ihre Augen. Nur Hasan, der Tüchtige, bedeckte seine Augen nicht, und sein Herz wurde getroffen. Plötzlich verstummte die warme Stimme meiner Großmutter, und die Wolke, auf der wir schwebten, erzitterte.

Wir baten sie, fast schon schmerzerfüllt flehten wir sie

an: »In Gottes Namen, Oma, bitte!« Darauf sagte sie: »Habt Geduld, meine Kehle ist ganz trocken!« Eine von uns beeilte sich, ihr ein Glas Wasser zu reichen. Inzwischen wendeten wir das Brot und den Käse über dem Feuer, küßten die Großmutter und drängten uns noch dichter an sie, spürten die Wärme, obwohl es kalt war. Wir aßen das geröstete Brot und den Käse und tranken dazu Tee. Aus Sorge, daß wir ins Bett machten, schimpfte die Mutter über das viele Teetrinken. Wir aber lauschten nur dem leisen Zischen von Käse auf dem Feuer und der Stimme der Großmutter. Wir folgten den weiten Reisen in die Welt finsterer Gänge unter der Erde und unter dem Wasser, in die Welt der Elfenbeinschlösser, der Marmorpaläste und der Blumen aus Rubinen, Perlen und Diamanten und der Smaragdblätter. Mit den Geschichten verbindet mich eine Geschichte. Ich schlief mit der Stimme meiner Großmutter ein, während ich immer noch träumte. Ich träumte, ich erlebe die Geschichte, wie Großmutters Stimme sie erlebt. Eine Stimme, die ausgeht vom Ofen, dem Käseduft und den Farben der Dunkelheit und des Lichts. Die nächtlichen Träume endeten stets mit dem frühen Morgen, dem Fortschleichen aus einem feuchten Bett und unterwürfigen Blicken. Die Angst begann mit Tagesanbruch und hörte erst wieder mit dem Rauschen der Stimme von Großmutter auf. Die Nacht war schöner als der Tag, der Sonnenuntergang schöner als der Morgen und das Teetrinken schöner als seine Folgen. Deshalb lebte ich mehr in den Träumen. Ich hielt Anbar fest in den Armen.

Die Ohren Anbars waren in Bereitschaftsstellung, sie hörte das verstohlene Drehen des Schlüssels im Schloß.

Sie öffnete ihre grünen Augen, und die Pupillen begannen sich zu weiten. Ihr Hals blieb gestreckt. Sie hörte ein weiteres schwaches Knacken und sprang davon. Liebevoll rief ich sie: »Anbar!«

Er hörte mein Rufen durch die Tür, bewegte schnell den Schlüssel und trat ein. Ich vernahm zischende Flüche, und dann hörte ich ein schreiendes Miauen. Die Katze wurde getreten und prallte gegen die Wand und wieder Fell, Knochen und das unterdrückte Wimmern. Ich rannte, kroch, schluchzte: »Jeden Tag die gleiche Geschichte!« Ich wartete die Antwort nicht ab, ich wartete nie. Ich lief der Katze hinterher, sie aber floh vor mir und versteckte sich unter dem Bett. Ich beschäftigte mich damit, nach ihr zu suchen, nur damit mein Blick nicht auf sein Gesicht fiel. Ich hasse es, ihm ins Gesicht zu schauen. Ich verabscheue es, in seine stumpfen Augen zu blicken, die in eine rotgefärbte Höllenwacht umschlagen und zucken, sobald sich Zweifel oder der Whisky darin entfacht. Ich hörte ihn wie immer die Türen öffnen, wie immer den Kühlschrank öffnen, wie immer aus der Flasche einschenken. Ich hielt meine Katze fest, umarmte sie und kehrte an meinen Platz vor der Heizung zurück. Die Katze fing von neuem an zu schnurren, und ich roch wieder den Röstduft, das Aroma von Käse, das Glucksen des Ofens mit dem Zischen des Petroleums, der rote Ball, die Glut im Ofen, die Blumen aus Rubin, die Reise durch Gänge, die der Erinnerung ins Unterirdische entgleiten.

2

In allem suchte ich Zuflucht, sogar in der Krankheit. Ein Hilferuf nach dem anderen. Sollte mich das Fieber verzehren. Sollte ich das Bewußtsein verlieren. Ich wünschte mir, bis auf den letzten Tropfen zu verbluten. Ich blieb in meinem Bett liegen, krank ohne Krankheit, und beobachtete dabei meine Katze, die auf dem Fensterbrett stand und das Sonnenlicht einfing. Ich flüsterte: »O meine Katze, meine Katze, du befindest dich hinter Glas, genau wie ich.« Sie hat eine beneidenswerte Eigenart. Spiele ich mit ihr in einer Weise, die sie nicht mag, dann macht sie Krallen und kratzt. Ich betrachte ihre flinken Augen, wie sie mich fixieren, und lächle sie mit der Zärtlichkeit und Bewunderung einer Mutter an. Wär ich doch wie du, Anbar! Hätte ich doch eine Kralle so lang wie ein Palmblatt! Wär ich doch diese Palme! Eine Palme am Arabischen Golf, die aus der Unfruchtbarkeit der Wüste herauswächst. Ich möchte mich nicht erinnern. Doch, ich erinnere mich. Nein, ich will nicht. Doch, ich erinnere mich. Habe ich jemals vergessen? Ja, ich habe vergessen, dann erinnerte ich mich, dann vergaß ich, und ich erinnere mich immer wieder.

Meine Hand spielt mit dem kleinen Gerät. Von ihm geht eine Stimme aus so kalt wie das Rauschen des Windhauchs vom Fenster dort. Dort, weit weg, hinter den Weiten der Wüste und den Grenzen der Fremde und hinter einem Fluß und einer Brücke und der Besatzung und hinter Soldaten und Juden. Es ist nicht die Zeit, über all dies nachzudenken. Mein Leid genügt mir. Mein Leid, meine Kindheitsträume und die Gänge der Geschichten füllen mich aus. Flucht vorwärts und Flucht rückwärts, und ich verharre hier hinter der Glasscheibe und der Wüste und dem Palmblatt. »O wie zart ist der Windhauch, wenn er meinen Schatten streift!« Das Palmblatt wiegte sich hin und her wie das Zittern der Lichtringe auf dem Wasserspiegel des Bassins. Ich war klein und stand am Rand des Bassins im Haus der Familie. Ich konnte die Wasseroberfläche kaum sehen. Blätter eines Bitterorangenbaumes sanken darauf. In meinen Händen sammelte ich glockenförmige, aprikosenfarbene Blüten und warf sie auf die Wasseroberfläche. Sie verteilten sich zwischen den Blättern und gingen nicht unter. Das Wasser war kalt, und meine kleinen Finger waren eisig. Meine Zehen steckten in bunten Holzpantoffeln aus Syrien. Meine Finger waren kalt wie Eis und rot wie rote Bete. Von den Glockenblumen war ich fasziniert und betört. Das Bassin erschien mir riesig. Das Wasser bewegte und drehte sich, die Blätter drehten sich, die Glocken drehten sich. Tropfen fielen auf meinen Kopf. Ich hob meinen Kopf. Ineinanderverschlungene Zweige, die dunkel, beinahe schwarz erschienen. Zwischenräume des Himmels und Wattewolken. Bitterorangen glänzten, Blätter schimmerten, Glocken wirbelten – mein Kopf.

Klein war ich und das Bassin der Familie groß. Als ich erwachsen war, erschien mir das Bassin der Familie klein.

Verwundert fragte ich nach, da wurde mir gesagt: »Dasselbe Bassin.« Viele Dinge schrumpfen, wenn wir groß werden, nicht aber der elende Ehekummer. Er wird immer größer und größer und erreicht das Ausmaß des Bassins, des Sees, des Meeres, des Ozeans. Und ich ertrinke.

Ich blieb stumm und betrachtete die Palme durch die Glasscheibe. Umm Walid kramte sämtliche Geschichten aus und schilderte alle Tragödien der Frauen, nur nicht die ihre und die meine. Diese ist geschieden worden, jene ist davongelaufen, die andere ist wieder zu ihrem Mann zurückgekehrt, nachdem sie Vernunft angenommen und erkannt hat, daß eine Frau nirgends außer in das Haus ihres Mannes gehört und es keine Krone für ihren Kopf gibt außer ihm.

Kennst du diese Geschichte, Afaf? Eine Frau geriet über ihren Mann in Zorn, kehrte zum Zelt ihres Vaters zurück und lehnte jede Vermittlung ab. Der Stammesoberste gab ihrem Vater einen Rat, den dieser auch befolgte. Er befahl den Frauen, der Tochter alle Kleidungsstücke auszuziehen und ihr nichts außer einem Überwurf zu lassen. Dann rief er sie dahin, wo er selbst, der Stammesoberste und ihr Ehemann zusammensaßen. Plötzlich riß ihr der Vater den Überwurf vom Leib. Aus ihrer Verwirrung eilte sie zu ihrem Mann und ersuchte ihn um Schutz: »Bedecke mich, du Unbescholtener, bedecke mich, du Unbescholtener!«

Wann hört diese Frau endlich auf, ihre Geschichten zum besten zu geben? Das Bitten nützt nichts. Umm Walid, meine Mutter, ihre Schwestern, die Schwestern meines Vaters, sie alle erzählen die gleichen Geschichten.

Ich jedoch träume von anderen Geschichten. Von Geschichten, die in dunklen Gängen beginnen und in Palästen und sonnenbeschienenen, palmenbewachsenen Plätzen enden. Die Palme draußen winkte mit ihren langen Krallen, und der Wind ächzte. Die erste Palme, die ich gesehen habe, war in einem Bild von einem fernen Strand. Ein blauer Himmel, ein blaues Meer, ein weißer Strand und viele Palmen. Ich verbrachte die ganze Nacht damit, das Bild abzumalen und den Geruch der Ölfarbe zu riechen. Durch die Fenster sah ich die Dämmerung hereinbrechen, da eilte ich zum Balkon, um den Duft des Morgens, des Taus und des Jasmins im Garten einzuatmen. Ich war eine Romantikerin und bin es noch. Trotz dem Bassin bin ich es noch, und trotz der Wüste bin ich es noch. Ich werde auch weiterhin träumen von einem Mann mit ruhiger Stimme und verständnisvollen Augen, der mich freundlich ruft. Der meinen Namen mit einem angenehmen Tonfall ausspricht, in dem keine Spur von Herrschsucht oder Autorität zu vernehmen ist. Mein Name wurde unzählige Male ausgesprochen. Außer meinen Spielgefährten und meinen Schulkameradinnen träufelten alle, die meinen Namen aussprachen, Tropfen vom Saft der Unterdrükkung und Autorität darauf. Mein Vater hatte eine gebietende und meine Mutter eine verbietende Stimme. Zwei Stimmen, beladen mit Autorität und dem Verbot, unerlaubte Dinge zu tun. Und wie zahlreich diese waren.

Umm Walid erhob sich von ihrem Platz gegenüber meinem Bett, um Kaffee zu kochen. Einsam blieb ich zurück, wie ich es gewohnt war. Ich fühle mich einsamer, wenn ich mit den anderen zusammen bin. Mit meinen Eltern, Verwandten, Bekannten, Nachbarn und meinem Ehemann. Der zuletzt Genannte löst in mir die schwerwiegendste Art der Einsamkeit aus. Bin ich mit ihm zusammen, fühle ich meine Seele mit ihren Flügeln flattern wie ein eingesperrter Vogel. Seine Anwesenheit empfinde ich als Gefängnisstäbe. Was hat mich in diese Falle getrieben? Jahr um Jahr vergeht, während ich mir diese bittere Frage stelle: Was hat mich in diese Falle getrieben? Vielleicht bin ich eine aus der Schar der unerwünschten Mädchen, und sie ergreifen die erste Gelegenheit, um es loszuwerden? Und sie sind es ja losgeworden. Vielleicht weil ich ein schwieriges Kind war, große Träume hatte, dicke Bücher und Blätter aus geheimen Druckereien las? Oder weil ich noch jung war, meine Gefühle schwankten und ich mangels Selbstvertrauen immer schuldbewußt war? Ich krümmte mich, fiel und ertrank.

Ständig und überall spürte ich, wie Blicke mich verfolgten. Ich versteckte mich vor ihnen in einer Ecke hinter schräggestellten Möbelstücken. Sie suchten mich lange. Ich hörte sie meinen Namen rufen. Ich hörte, wie sie, meine Abwesenheit nutzend, über mich herzogen. Ich blieb stumm, versteckt und weit von ihrer Welt. Ich hatte meine eigene Welt, auf deren beflügelten Farben, Melodien und Gerüchen ich flog. In stillen Nächten, während die Menschen schliefen, malte ich zahlreiche Bilder und schuf zahlreiche Gesichter. Lachende und weinende und zornige und spöttische Gesichter. Die Dinge wurden schwieriger, die Wirklichkeit wurde schwieriger, und der Umgang mit den Menschen wurde schwieriger. Ich konnte nicht erklären, sie konnten nicht verstehen, so wurde ich für schuldig erklärt. Ich war unfähig, mich zu verteidigen, wenn ich die Erklärung nicht fand. Mein Gefühl, albern, einfältig und wertlos zu sein, nahm zu, je älter ich wurde. Auch meine Scham und die Angst vor Vorwürfen wuchsen, so daß ich erfüllt war von der Angst und Erwartung, etwas Ungeheuerliches, Lächerliches oder Peinliches zu tun. In ständiger Angst, etwas falsch zu machen, wußte ich nicht mehr, was richtig und was falsch war. Was ist wichtiger, das Richtige oder ich? Ist ihre Lüge richtig oder meine Ehrlichkeit falsch? Ist ihre Strenge richtig, oder sind meine Tränen falsch? Ist meine Liebe zu den kleinen Dingen, dem Apfel, den Farben und der Katze richtig oder falsch, erlaubt oder verboten, schändlich oder ehrbar? Das Auffangen des Urins in den kleinen Handflächen, das Einreiben der Köpfe damit, als sei es Kölnischwasser, war das richtig? Aber es war ja ein Junge, und ein Junge zu sein ist richtig, ich bin ein Mädchen, und ein Mädchen zu sein ist falsch.

Die Geschichte vom Urin, dem Kölnischwasser, ist eine großartige Geschichte, großartiger als alle anderen Geschichten. Der Junge kam auf die Welt, und das Haus füllte sich mit Freudentrillern, Kerzen und zuckerüberzogenen Mandeln. Geldstücke wurden an die Kinder, die Armen, die Scheichs, die Müllmänner, die Trommler, die Bäckerjungen, den Bügler und die Vorbeiziehenden verteilt. Eine dicke Frau stellte sich ans Fenster und warf Münzen aus einem Suppentopf, die um die Wette zu Boden schnellten. Die Münzen flogen und verstreuten sich, die Kinder sprangen hinzu, die Jungen stürmten die Treppen hinab, der Büglerjunge vergaß das Bügeleisen auf einem Hemd, und es verbrannte. Die Silberstücke rollten auf den Asphalt der Straße und den Bürgersteig, die Menschen rannten ihnen mit ausgestreckten Händen, gereckten Hälsen und gebückten Rücken hinterher und jauchzten atemlos: »Ein Junge, ein Junge!« Noch eine Handvoll Münzen flog durch die Luft, sprühend wie Silberfunken beim Schweißen. Funkelnd die Blicke der Kinder, Männer und Frauen in den Fenstern, Vögel auf den Stromleitungen, Raben auf den Dachziegeln, Tageslicht, Sonnenstrahlen, Wäscheleinen, das Mittagsgebet und der Falafelverkäufer. Es ertönten Lobpreisungen wie Pferdegewieher, und der Himmel tat sich auf vor der unablässigen Huldigung des Jungen. Am nächsten Morgen war das Haus immer noch erfüllt mit dem betäubenden Duft von Kerzen, dem Parfüm der Kleidung und dem Räucherwerk. Die Mädchen umdrängten die Hebamme, während sie das Wickeltuch löste, um den Grund der Freude zu erfahren. Mit einer Sehnsucht, die jedes Verlangen nach einem Apfel überstieg, erwartete ich eine prachtvolle Erscheinung. Es war ein Stück Fleisch mit blauen und roten Quetschungen und ein geschwollen aussehender Kopf mit zerzaustem Haar. Wir drängten und stießen uns gegenseitig fort, um das Geheimnis der Freude zu sehen: Es war eine Rosine. Die Hebamme neckte sie und stieß einen Freudentriller aus. Das Stück Fleisch kreischte auf, spritzte eine Fontäne wie einen Pfeil. Die Hebamme jubelte: »Kölnischwasser, Mädchen, Kölnischwasser!« Wir öffneten unsere kleinen Handflächen, um das Kölnischwasser aufzufangen, und wischten uns damit die Köpfe, Stirnen und Augen, bis sie tränten.

Umm Walid kehrte mit zwei Tassen Kaffee zu ihren Geschichten zurück. Ich blieb stumm und trank den Kaffee mit bitterem ausgedörrtem Mund. Mein Blick war an die Palmenspitze geheftet. Eine Palme hinter der Glasscheibe, vor der Glasscheibe eine Katze und ich hinter der Katze.

3

Der Tag beginnt mit einem unbeugsamen Verharren hinter einem elektrischen Gerät, das im Zweiertakt Töne von sich gibt. Ich werfe die Kleidung in seinen Schlund und drücke auf den Knopf, dann erklingt eine eintönige Melodie. In meinen Ohren hüpfen Takte und Rhythmen von tränenseligen Liedern und dürftigen Versen:

Das kurze Leben wird enden
zwischen Kochen und Wäschewaschen
dum tik dum tik
dum dum dum.

Ich wiederhole die Verse, lache, weine und rede mit Anbar:

Das Leben geht verloren und das Wehklagen wird laut
meine Trauer zieht sich wie eine Wäscheleine
dum tik dum tik
dum dum dum.

Ich fühle den Boden sich drehen, mein Kopf wird schwer, und Hämmer pochen an meine Schläfen. Ich taumle. Ich setze mich auf den Beckenrand und lege die Hände auf die Waschmaschinenkante. Mein Kopf! Wahrlich, du, mein Leben, gibt es eine Alternative für einen verhaßten Ehemann und einen Haufen Wäsche?

Mein Blick schweift, ich schließe die Augen, und auf der Leinwand weiten sich Ringe. Indigofarbene Ringe, rote Sterne und silberne Monde pflanzen sich fort aus einem schwindenden Mond. Ein tellergroßer Mond, der aus dem Osten in einer weit entfernten Stadt aufbricht. Wir waren zwei, und der Dritte im Bunde war der Mond. So begann die Liebe und ging zu Ende. Sie ging verloren mit all den jungen und leichten Träumen. Die letzten Stunden des Tages, der Beginn der Nacht, ein blendendweißer Mond in einem Himmel, der immer noch im Traum des schwindenden Tages trieb, im Westen die Röte einer Sonne, die sich zurückgezogen hatte.

Mutig sagte ich: »Zum ersten Mal gehe ich mit einem Jungen bei Sonnenuntergang die Straße entlang.«

Mürrisch sagte er: »Ich bin kein Junge, ich bin ein Mann.«

Ich betrachtete die Umrisse seines Gesichts, dessen Schatten im fahlen Licht blaß wirkte. Ich lachte leicht. Obwohl ich jünger war als er, fühlte ich mich älter. Ich liebte ihn mit der Unbeschwertheit eines kleinen Mädchens und der Tiefe einer erwachsenen Frau und einer leidenschaftlichen, romantischen Künstlerin. Ich träumte davon, eines Tages zusammen mit ihm auf einem Holzbett zu schlafen, das aus den Ästen der Bäume gebaut ist. Wir liegen im Schatten eines Ziegeldaches, und die Vögel zwitschern. So lernte ich die Liebe kennen, durch einen naiven Brief, einen sanften Spaziergang an den Abhängen des Sonnenuntergangs und heißen Tränen zu einem sentimentalen Lied von Abd al-Halim.

Für sie jedoch war die Liebe ein Unheil, eine Schande und ein Drama, über das sie mit verdrehten, gekrümmten, zusammengekniffenen Lippen sprachen. Als ich das erste Mal von einer Liebesgeschichte hörte, war ich noch ein Kind von neun Jahren vielleicht. Nach der Schule lief ich mit meiner Freundin die Straße entlang. Wir waren in einer Grundschule, die durch zwei Straßen und eine Kurve von der Mädchenoberschule getrennt ist. Ich sah sie aus der Oberschule kommen mit zwei fest geflochtenen Zöpfen aus johannisbrotfarbenem Haar. Der eine lag auf ihrer Brust, und der andere hing ihr herab bis zum Gesäß. Meine Freundin, sie war zwei Jahre älter als ich, flüsterte: »Das ist Hanan.«

Gedankenverloren und mit aufgerissenen Augen flüsterte ich: »O Gott, wie schön sie ist!«

Eine andere Freundin stieß mich an und sagte warnend: »Aber sie ist schamlos!«

Ich war leicht zu beeindrucken und bewegte mich unvermittelt, blieb plötzlich stehen. Ich hätte schluchzen können, tat es aber nicht. Etwas in mir stürzte ein, und ich fragte: »Warum? Was hat sie getan?«

Sie legte ihre Faust an die Wange und flüsterte: »Sie liebt Isam, den Dunklen!«

Ich erstarrte. Es war eine Überraschung, ein Schock, den meine Nerven und Gefühle nicht ertragen konnten. Die Welt hatte sich in eine undurchsichtige Geschichte verwandelt, an der etwas Beängstigendes und Peinliches war. Deren Heldin ein Mädchen war, das die Merkmale der Prinzessinnen und der drei Rosen trug. Wie konnte diese schöne, zarte, engelshafte Prinzessin »schamlos« sein? »Schamlos« und »verworfen« waren die häßlichsten Worte für ein Mädchen. Ich konnte das Häßlichste, das geschehen konnte, nicht klar erkennen. Jedoch schluchzte ich immer, wenn davon die Rede war, genau wie meine Mutter es tat, die Frauen der Familie, die Nachbarinnen und die Nachbarinnen der Nachbarinnen. Wann habe ich das erste Schluchzen dieser Art gehört? Wann habe ich das erste Mal auf diese Art geschluchzt? Ich weiß nur, seit diese Welt an mein Ohr drang, hörte ich Schluchzen wie dieses. Allmählich begann ich in der gleichen Weise zu schluchzen.

Meine Freundin erzählte mir Hanans Geschichte, die Kurzfassung davon: Ein Liebesbrief, sie fingen ihn ab, schlugen sie, sperrten sie ins Haus, sie riß aus. Sie suchten nach ihr und fanden sie erst mitten in der Nacht. Sie hielt sich in einer Höhle auf dem Berg versteckt, nahe beim Haus ihrer Großmutter. Das Haus ihrer Großmutter war in der Nähe von Isams Haus. Sie legte ihre Faust an den Mund und flüsterte: »Sie sagten, sie hätten sie in der Höhle mit Isam gefunden.«

Ich erwiderte scharf: »Das ist unmöglich!«

Ich eilte hinter der Schönen her, um ihre Spur nicht zu verlieren. Für mich war sie zur legendären Heldin einer gewaltigen schrecklichen Geschichte geworden. Das Wort »schamlos« und das Undurchsichtige, das sie mit Isam in der Höhle tat, flößten mir Furcht ein. Ich mied sie, verfolgte und beobachtete sie aber eifrig, vielleicht könnte ich so mehr über sie erfahren und mich vergewissern, ob sie schamlos war oder nicht. Ich wandte mich meiner Freundin zu und keuchte: »Das ist unmöglich! Wenn sie wirklich schamlos wäre, dann hätten ihre Eltern sie getötet.«

Seit meiner Kindheit kannte ich diese Wahrheit; vielleicht war es die gewaltigste und furchtbarste Wahrheit, die ich kannte: Das schamlose Mädchen wird getötet. Aber den Grad an Schamlosigkeit, der das Töten erfordert, den kannte ich nicht. Die Schamlosigkeit und das Töten sind Zwillinge, deshalb schluchzte ich. Mit dem Schluchzen brachen Angst, Mißbilligung, Trauer und Besorgnis aus mir heraus. Ich hatte Angst, eines Tages der Schamlosigkeit angeklagt und dann getötet zu werden. Da ich die Einzelheiten der Schamlosigkeit nicht kannte, fürchtete ich, mich unwissentlich und unbeabsichtigt schamlos zu benehmen und getötet zu werden. Deshalb vermischte sich in mein Bild vom Mann das Verursachen von Schamlosigkeit und Tod. Das Bild setzte sich in den Tiefen meines Bewußtseins und Unterbewußtseins fest, bis es zu einem wesentlichen Teil meiner Lebensgrundlage wurde, ja sogar zum Prinzip. Ich durchlebte sonderbare Ausbrüche, meine Weiblichkeit, die mich frühzeitig überraschte, auf unterschiedliche Weise zu beseitigen. Ich war darauf erpicht, Zeichen von Schönheit in meinem Wesen zu unterdrücken. Bisweilen kämmte ich mein Haar abstoßend streng nach hinten, so daß ich aussah, als hätte ich eine Glatze. Mit soldatischem Schritt ging ich zur Schule, um nicht mit einem Liebeswort von einem Studenten, einem Lastenträger oder einem sich jung gebenden Alten zusammenzustoßen. Meinen Freundinnen in der Schule erzählte ich imaginäre Geschichten über meine Zukunft. Daß ich wie eine Nonne leben, niemals heiraten und keinem Mann jemals erlauben werde, sich mir zu nähern. Dennoch liebte ich später einen Jungen, der mißmutig sagte: »Ich bin kein Junge, ich bin ein Mann.« Ich lachte über seine Einfalt. Ich ließ ihn meine Hand halten und fühlte, daß ich seine

Mutter war, seine Schwester und sein Engel. Ich fühlte mich nicht schamlos. Oder vielleicht doch schamlos, aber in anderer Art. Einer Art, die nicht mich beängstigte, sondern sie; da töteten sie mich.

Hier bin ich, höre die Stimme des Todes durch die Leere des Hauses, durch die Leere des Alls und durch die Leere des Lebens. Ich fühle, daß ich auf grauem Sand gehe, unter einem bleichen Himmel, und die Flächen sind weit, dehnen sich unbegrenzt. Es gibt keine Straße, keinen Fels, keine Erhebung und keine Senke. Alles ist gleichförmig, die Erhebung, die Senke, die Länge, die Breite und die vier Himmelsrichtungen. Es packt mich ein wahnsinniger Drang zu fliehen, da renne ich. Ich fühle meine Muskeln sich anspannen und hart werden und die Adern meiner Füße sich zusammenziehen. Und ich laufe noch immer.

Ich bin naßgeschwitzt. Mein Herz klopft tausend Schläge in der Minute. Meine Schläfen hämmern. Tanks sind an beiden Seiten meines Kopfes. Ein Gastank bin ich. Ich habe Angst, ins Wanken zu geraten und zu fallen und daß dann der Tank explodiert. Wie dieser Sand meine Füße wegzieht! Warum kann ich nicht aufhören zu laufen! Warum hat diese Weite kein Ende! Warum finde ich keinen Hügel, an den ich mich lehnen kann! Ich schrie, so laut ich konnte: »Anbar!«

4

Der Februar und meine Katze. Als hätte ein Wecker plötzlich in den Ohren Anbars geläutet, begann sie sich zu drehen und zu winden. Ich fürchtete, daß ihr ein Unglück zugestoßen sei. Doch dann erinnerte ich mich, daß Februar war, nein, vielmehr waren es ihre immer deutlicher werdenden Bewegungen, die mich darauf brachten. Am Anfang, in den ersten Februartagen, weckte mich ihre Stimme. Es war mehr die Stimme einer Taube als die einer Katze. Es war Gurren, kein Miauen. Sie sprang von einem Fenster zum anderen und vom Bett zur höchsten Stelle des Schrankes. Sie benahm sich wie jemand, der etwas verloren hat und um den Verstand gekommen ist. Ich fürchtete, daß er sie vom Schlafzimmer aus hörte, wo er allein schlief. Ich eilte zur Tür, schloß sie und versuchte, Anbar zu beruhigen. Ich wollte sie tragen, aber sie machte sich los, kehrte zum Fenster zurück und starrte das an, was sich hinter der Glasscheibe befand. Hinter der Glasscheibe war das Botschaftsgebäude, dessen Garten und Palmen. Direkt gegenüber unserem Fenster stand jene Palme, die sich für immer in mein Gedächtnis festgesetzt hat. Wenn ich zusammenzubrechen drohte, floh mein Blick zu ihr, erkletterte sie und verweilte zwischen den Datteln; der zärtliche Lufthauch und das Himmelsblau erquickten mich. Und dort sah ich ihn. Einen Kater mit schwarzem Körper, weißem Gesicht, grünen Augen und schlankem Wuchs. In diesem Moment und als mir einfiel, daß Februar war, hatte ich das Gefühl, mir würde eine Handvoll Rosenwasser, gemischt mit Wein, ins Gesicht gespritzt, das in mein Herz und meine Knochen floß.

Deswegen also, du Verflixte! Ich drückte sie heftig an die Brust, und sie weckte in mir blaue Bilder einer blauen Vergangenheit. Ein blauer Rock, zwei blaue Augen und ein blauer Himmel. An jenem fernen Ort suchte ich nach ihm, zwischen allen Bildern, allen Farben, allen Gesichtern und allen Fenstern. Vielleicht war er im Garten zwischen den Pinienbäumen. Ich rannte zum östlichen Fenster, dort war er nicht. Vielleicht war er im Westhof. Ich rannte zum westlichen Fenster, dort war er nicht. Vielleicht war er im Gang, wo die Bilder hingen. Ich rannte zur Tür. Dort war er nicht. Ich war verzweifelt und niedergeschlagen. Ich lief zum Ende des Westganges, von wo ich ihn sah. Ich sah ihn durch die Glastür eines breiten, geräumigen Balkons. Er saß auf dem Boden und blickte in die Ferne mit zwei Augen, in denen sich ein nebliger, trauriger Himmel ausdehnte. Das Blau war gräulich, ich war jung und sentimental und liebte romantische Szenen. Ich sah ihn mit den Augen einer kleinen Künstlerin, mit den Gefühlen einer unreifen Pubertierenden und dem Frühling des Menschen.

Ich beobachtete ihn weiter durch die Glasscheibe. Er hatte ein Bein auf der Erde ausgestreckt, das andere gebeugt und parallel zu seiner Brust herangezogen. In seinen Augen waren das Blau und der Nebel. Ich provozierte ihn, doch er war schüchtern, hatte kein Vertrauen zu sich selbst, zu seinen Bildern und zum Urteil der anderen. Er konnte sich nicht widersetzen, und ich war mit ihm verschmolzen. Er nahm die Schläge aus der Umwelt schweigend hin und machte sich durch Taten Luft, denn er gehörte dem männlichen Geschlecht an und ich dem weiblichen. Deshalb unterschieden sich unsere Reaktionen; ich machte mir Luft durch Worte und nicht durch Taten. Da auch das Reden verboten war, galt ich als eine eigensinnige und widerspenstige Meuterin. Ich sagte: So ist es auch. Ich suchte Streit mit ihm. Ich kann mich nicht mehr genau erinnern, wann uns bewußt wurde, daß das zwischen uns Liebe war. Nach dem fünften oder sechsten oder siebten Blick, ich weiß es nicht. Ich weiß nur, daß ich ihn heftig, sanft, unbeschwert und mit Getöse liebte. In meinen Gefühlen ihm gegenüber trafen alle Verbote zusammen, alle Feinheiten der Kunst und die Heiligkeit einer Seele, die in den Lüften des Idealismus und der Unschuld schwebt. Lügen, Ausflüchte, Vorwände und Nutzdenken gab es für uns nicht. So war unsere Liebe. Lautes Lachen von mir, schüchternes, einfältiges Lächeln von ihm. Viele Worte von mir und knappe Sätze von ihm. Heiße Blicke, die in knabenhaftes Lachen und Händchenhalten mündeten.

Ich überlistete meine Eltern, zog meinen blauen Rock an und schlenderte durch die Straßen der Stadt. Manchmal sah ich ihn flüchtig, und manchmal hatte ich keinen Erfolg. Ein flüchtiger Blick galt mir als ein Treffen. Manchmal hatten wir mehr Glück und begegneten uns zufällig in einer Bilderausstellung. Wir flüsterten im Stehen und murrten: Wann sind wir endlich erwachsen und gehen zusammen zur Universität! Wir warteten lange, wurden erwachsen, aber wir gingen nicht zusammen zur Universität, wir gingen getrennte Wege. Er ging dorthin, ich kam hierher, und wir werden uns nicht wieder treffen.

Die Palme wogte in meinem Auge, und Tränen brachen hervor. Ich fühlte, daß ich Teil dieser Vergangenheit war, daß die Vergangenheit mich immer noch einhüllte. Ich wartete immer noch darauf, daß er mir in einer der Straßen begegnete. Ich würde dieses helle Lachen anstimmen, meine Schritte so beschleunigen, daß der Saum meines blauen Rockes Wellen schlägt, ich würde vor Aufregung und er vor Scham und Angst stottern. Jeder würde in seine Richtung laufen, sich zugleich umschauen, zugleich lächeln, in der Hoffnung auf eine nächste Begegnung, um von neuem zu lächeln.

Jeder in seine Richtung, ja, so war es. Wir schauten uns immer noch um, so war es, wir lächelten nicht, und es besteht keine Hoffnung, daß wir uns je wieder begegnen. Ich weinte und weine, solange ich lebe. Weil ich so verliebt war, so gelacht und so gehofft habe. Und weil mir oft unrecht getan wurde, ich oft geweint habe und oft verzweifelt war. Und weil ich erkannte, daß Kindheit nicht das Leben, sondern Traum und Illusion ist. Daß sie Schmähung und Verdächtigung ist.

Anbar wand sich zu meinen Füßen, sie rieb sich an mir, drängte ihren Hals an meine Plüschpantoffeln. Sie wälzte sich auf dem Teppich, so daß ihr Bauch, der die Farben eines Baumwollfeldes hat, zum Vorschein kam. Sie schloß ihre Augen, und ihr Gesicht überzog sich mit einem menschlichen Ausdruck, da vergaß ich meine

Traurigkeit. Sie stöhnte, gurrte und knurrte. Sie erinnerte mich an schöne Filmdiven, die heiße erotische Rollen spielen. Sie erinnerte mich an Marilyn Monroe, hellhäutig, blond, geschmeidig, zart, reizend, aufregend. »Anbar!« rief ich verblüfft, während ich ihre Bewegungen beobachtete und mir vor Schreck die Haare zu Berge standen. Ich hatte nicht gewußt, daß Tiere in der Lage sind, sich so zu bewegen, so menschlich, geschmeidig und ungekünstelt. Die Künstelei! Ich glaube, sie ist allein auf den Menschen beschränkt. Ich kann mich nicht erinnern, mich jemals für einen Mann so bewegt zu haben. Die Liebe und der Sex sind in der Vorstellung des Menschen, nein, vielmehr der Frau untrennbar miteinander verbunden. Da ich ihn nicht liebte, verlor ich das sexuelle Empfinden, und da derjenige, den ich liebte, verlorenging, verlor ich die Liebe, und so blieb ich ohne Liebe und ohne Sex. Und du, Anbar, liebst du? Oder sind es nur der Februar und die Hormone? Natürlich, Februar und Hormone, genau wie beim Mann. Keine Gefühle, keine Phantasie, keine Liebe – nicht mehr als ein Kater. Ein Kater auf dem Baum, ein Kater unter dem Baum und ein Kater im Fenster der alten amerikanischen Nachbarin. Und du, Anbar, wenn du unter ihnen wärest, du würdest mit ihnen allen spielen, ist es nicht so? Laß uns sehen, los. Ich öffnete ihr die Tür und ließ sie hinaus, damit sie die Treppen allein hinunterging. Ich aber kehrte an mein Fenster zurück.

Eines Tages, nach Jahren der Ehe, legte ich das Buch aus den Händen und sagte, ich werde es ausprobieren. Ich muß ausprobieren, wie es ist ohne Liebe. Ich wußte, daß es manchmal ekelhaft ist, manchmal schmerzhaft, langweilig, frustrierend, lästig, kalt. An jenem Tag jedoch, an dem ich über die Situation der Frauen, die Erziehung und das Gefängnis las und darüber, daß sie nicht frei sein werden, auch wenn sie sich von allen Fesseln lösen, weil sie in ihrem Inneren nicht frei sind, da wollte ich mich widersetzen. Mich der Erziehung widersetzen, dem Mann widersetzen, dem Inneren und dem Äußeren widersetzen, und ich wollte genauso sein wie ein Mann. Ich probierte es aus. Ich spielte die Rolle, ich versöhnte mich mit ihm, denn wir waren seit Wochen zerstritten. In meiner Rolle war ich erfolgreich, aber es gelang mir nicht, in seine Haut zu schlüpfen. Ich führte mir dieses Bild vor Augen: Eine Frau befriedigt ihre Bedürfnisse auf die gleiche Art und Weise, wie es der Mann tut. Eine Frau verlangt, begehrt und empfindet. Sie benutzt ihren Ehemann, genau wie er sie benutzt. Sie benutzt ihn, wie der Mann eine Prostituierte benutzt. Ich spielte die Rolle wie geplant. Ich führte allerlei Bewegungen aus. In manchen ahmte ich Fernsehschauspielerinnen und in anderen ahmte ich triebhafte Bewegungen nach, zu denen ich mich hinreißen ließ, als ich noch jung war und leidenschaftlich liebte. Ich erinnere mich noch an das, was ich fühlte, ich erinnere mich und verstehe noch jede Bewegung, die Anbar ausführte. Trotz meiner Unerfahrenheit in der Liebe und Sexualität waren mir die Wirklichkeit der Nachahmung und die Nachahmung der Wirklichkeit bewusst. Ich ahmte die Wirklichkeit nach, fühlte sie aber nicht, so daß meine momentane und auch ständige Frustration zunahm. Die momentane Frustration, da ich das Schauspiel beendete, als mein Bedürfnis gewachsen war. Die ständige Frustration, da ich die andauernde Wirklichkeit erkannte. Eine Wirklichkeit, die zwischen Vergangenheit und Gegenwart andauert und beide in die Zukunft überdauert. Ich erkannte, daß ich mit diesem Gefühl bis ans Ende der Ehe leben würde. Und da die Ehe offenbar länger währt als das Leben selbst, vergewisserte ich mich, daß der Februar nicht die Befeuchtung der Erde nach langen Wintermonaten bringt. Auch wenn der Winter in unserem Land meist eine feuchte Erde hinterläßt, so ist diese weder feucht genug, um fruchtbar zu sein, noch trocken genug, um zu sterben. So haben wir vom Winter nur seine äußere Erscheinung. Und vom Februar haben wir nur das Miauen der Katzen.

Der Versuch mißlang. Anbar kam zurück. Sie war eine Hauskatze und nicht gewohnt, hinauszugehen und mit den Fremden zu spielen. Ich lächelte bitter und erinnerte mich an meine eigene Geschichte, ich wurde traurig, empfand Mitleid und wurde zornig auf mich selbst und die Vergangenheit. Ich bildete mir ein, verantwortlich für Anbars Frustration zu sein.

Sie wand sich immer noch zu meinen Füßen. Ihre Bewegungen erinnerten an unsere Reaktion, wenn wir einen Finger verbrennen: Immerfort bewegen wir die Hand, schütteln sie, fächern ihr Luft zu, strecken sie, greifen sie, befeuchten die Brandstelle mit unserem Speichel, aber sie beruhigt sich nicht. Anbar leckte ihre Brandstelle, aber sie beruhigte sich nicht. Ich weinte beinahe, denn ich kannte, was sie fühlte. Ich lebte mit diesem Gefühl, seitdem die Triebe der Weiblichkeit in mir Knospen schlugen. Dieses Gefühl, an das ich mich gewöhnt hatte, ging nach wiederholter Niederlage im Abgrund der Ermattung verloren. Es lagerte in den Tiefen wie ein stiller Vulkan unter kalten, vereisten, harten Schichten. Bisweilen rührt und bewegt sich der Vulkan, dann gehen von ihm Lärm und Dröhnen und Erdbeben aus. Ich wache morgens auf, und die Spuren des Traumes und das Bild der fernen Liebe liegen in meinen Augen. Das Blau der Augen, das Blau des Himmels und die Farben des Frühlings. Das warme Gefühl zwischen Zwerchfell und Brust durchdringt mich wieder. Lächelnd stammle ich, als würde ich ein geheimes Gebet sprechen, bevor mich die Wirklichkeit und das Beben der Erdkugel und das Dröhnen des Windes einholen.

Ich befühlte ihr samtenes Fell, sie zog sich zurück und drückte ihren Kopf an den Boden und jammerte. Ich sah ihren seidigen Schwanz sich heben, da überlief mich ein Schauder. Was mich störte, war der Gedanke, daß ich Anbar gegenüber die Rolle der unterdrückerischen Gesellschaft übernahm. Die instinktive Bewegung, ihre Brandstelle zu entblößen, unmittelbar nachdem ich ihr Fell berührt hatte, erschütterte mich und versetzte mir einen Schlag. Alle spontanen Bewegungen, die gesunden und ungesunden Mittel, sich abzureagieren, über die ich gelesen habe oder die ich im Fernsehen oder Kino gesehen habe, gingen mir durch den Kopf und verkörperten sich in Anbars Bewegung. Endlich verließ er das Haus, ich nahm Anbar auf den Arm und ging mit ihr hinunter in den Garten der Botschaft.

Der schwarze Kater näherte sich und blieb in einigen Metern Entfernung stehen. Ich sah Anbars Ohren sich aufrichten und der leisesten Bewegung lauschen. Sie war scheu und ängstlich, mir erging es genauso. Er blieb bei der Mauer stehen und starrte mich und sie an. Dann vergaß er mich und richtete seine Augen auf sie. Mein Herz klopfte. Ich wußte, daß sie noch ein Kind und dies ihr erster Februar war, daß sie Schmerzen erleiden und von einem Kater schwanger werden würde, den sie nicht liebt und der sie nicht liebt. Aber Katzen lieben nicht. Andere Tiere lieben, aber die Katzen nicht. Der Februar wird zu Ende gehen und der schwarze Kater von dannen ziehen, leicht und lässig dahinleben, überschüttet vom reichhaltigen Abfall der Botschaft, und er wird weder Familie haben noch Verantwortung tragen. Anbar wird zurückkehren, in ihrem Bauch die Kleinen, die ihr die Lebenssäfte aus dem Körper saugen werden. Ihr schönes Haar wird ausfallen, ihr straffer Bauch herabhängen, und sie wird eine schlaffe alte Katze sein wie jene Katze, die den schwarzen Kater provoziert; er jedoch schert sich nicht um sie. Was soll ich tun? Soll ich sie retten? Damit erlege ich ihr aber die Lösung auf, wie sie mir auferlegt wurde! Soll ich sie der Natur überlassen, so daß ihr zustößt, was mir zugestoßen ist?

Ich drückte Anbar fest an meine Brust, ich erinnerte mich an eine fleischige Masse in einem kleinen Gefäß in einem fernen Krankenhaus. Schwangerschaft – Tränen – Chinin – verbotene Pillen – Blutungen. Ich nahm es widerstrebend hin, fügte mich der Niederlage und neigte den Kopf, dann kam ich wieder zu mir, als wäre die Wirkung der Betäubungsmittel plötzlich gewichen. Er kam mit der Morgendämmerung, und ein saurer Geruch ging ihm voraus, er füllte das Haus mit Erbrochenem, und ich füllte es mit Wut. Er schlug mich, ich warf mich hin und blieb liegen bis zum Morgen. Als er zur Arbeit ging, ging ich zur nächsten Apotheke und anschließend zum Drogisten, leerte mein Portemonnaie und meinen Bauch. Ich glaubte, daß die Befreiung von seinem Kind mich von ihm befreien würde. Die Jahre gingen vorüber, und ich entdeckte wie üblich eine andere Wahrheit. Die Schwangerschaft verging, die Mutterschaft verging, und Anbar blieb.

Anbar versuchte zu entschlüpfen, ich aber klammerte mich an sie, ich fürchtete für sie die Natur und fürchtete für mich, sie zu verlieren. Wieder stieß sie ein langes Miauen aus, mir wurde bewußt, daß ich die Rolle der Gesellschaft übernahm. Ich erinnerte mich an ihre Brandwunden und an meine; ich empfand Mitleid mit ihr und mit mir. Nein, sie würde zumindest kein trügerisches Leben führen wie ich. Sie muß auch nicht mit einem Kater zusammenleben, den sie nicht liebt, sie wird nicht einsam sein, weil ich bei ihr bin, weil ich ihr helfen werde, weil ich sie und ihre Mutterschaft behüten werde und weil ich Anbar, dem Tier, entgegenbringen werde, was mir als Frau versagt geblieben ist.

Ich ließ Anbar frei; sie machte einen eleganten Sprung zur Erde und rannte durch den Garten der Botschaft, der schwarze Kater hinter ihr her. Ich weinte, während sie meinen Blicken entschwand. Ich kehrte an mein Fenster zurück und wartete auf Anbars Rückkehr.

5

Nein, ich war keine realistische Frau. Seit ich in dieser Welt meine Augen aufschlug, fühlte ich ihren großen, gewaltigen Fehler, den zu verstehen und zu erdulden meine Kraft überstieg. Mein Leben war Groll über diesen Fehler. Weil das Bild, der Blick, der Hintergrund wie der Vordergrund verzerrt waren, war ich mir über das Versteck und den Ursprung des Fehlers im unklaren. Dennoch fuhr ich fort, meine gezielten und ungezielten Geschosse abzufeuern. Dabei traf ich meist mich selbst, denn meist feuerte ich diese Geschosse ab, während ich vor dem Spiegel stand.

Mein Leben lang stand ich vor dem Spiegel. Mein Spiegel war meine einzige Freundin und die Hüterin meiner Geheimnisse. Weinte ich, dann bei ihr. War ich verliebt, fragte ich sie nach ihrer Meinung. War ich zornig, fletschte ich vor ihr die Zähne, um zu sehen, ob ich furchterregend wirkte. Sie war meine treue Freundin, die einzige, die mich nicht enttäuschte und meine Geheimnisse verriet, und sie erwiderte meine Gefühle. Ich fürchtete mich vor den Reaktionen der anderen und vertraute ihrer Liebe zu mir nicht. Vielleicht hing dies mit meiner Kindheit zusammen, vielleicht weil ich nicht dem Geschlecht angehöre, das Parfüm pinkelt, vielleicht weil ich so oft versuchte, meine Fähigkeiten zu demonstrieren und diese lächerlich gemacht wurden. Vielleicht weil ich die Geschichte von der Schamlosigkeit in frühem Alter kennenlernte und erfuhr, daß diejenige, die sich schamlos benimmt, die Todesstrafe und den Tod verdient. Deshalb war es kein Geheimnis mehr, daß die Welt ein Ort der Unsicherheit war; es war außerdem kein Geheimnis mehr, daß ich mein Leben lang versuchte, mir eine Wirklichkeit zu ersinnen, die sicherer, unversehrter und schöner ist. Es war auch kein Geheimnis mehr, wie und warum ich Anbar liebte, so als wäre sie ein menschliches Wesen, das liebt, empfindet, denkt und psychische Störungen hat.

Als ich sah, wie sie mit größter Leichtigkeit und Mühelosigkeit von einem Kater zum anderen wechselte, wuchs mein Selbstwertgefühl; ich stieß hinter dem Fenster ein schadenfrohes, lautes Gelächter aus und berauschte mich. Ich war nicht verrückt, leider, deshalb war mir auch der moralische Absturz bewußt, den ich durch meine Katze auslebte. Ich machte verblüffende Entdeckungen über die Welt der Menschen und der Tiere. Ich beschloß, das Bild einer Frau zu malen, die zur Hälfte Mensch und zur Hälfte Katze ist. Oder eine Frau zu malen, die in den Spiegel schaut und eine Katze sieht. Oder eine infernalische Frau zu malen, die schöne Katzenaugen hat. Schaut ihr ein Mann in die Augen, sieht er zwei Pupillen wie zwei Nadelöhre, die sich öffnen und weiten, bis sie sich über die gesamte Iris ausbreiten, so daß er aufschreit und davonstürzt. O wie sehr wünschte ich mir, die Augen Anbars zu haben, um ihn so zu ängstigen, daß er den Verstand verlor. Ich wünschte mir wirklich, eine Grenze zum Jenseits zu durchbrechen, wie man es aus Science-fiction-Geschichten oder Fernsehserien kennt. Dann erwachte ich wieder von meiner Reise durch den Tunnel der Zeit und des Jenseits und entdecke, daß ich Anbar bin. Ich renne, vergnüge mich und fasse mir an den seidigen, langen Schwanz, dessen Haar sich wie eine Brautschleppe auf dem Boden wellt. Ich tanze und drehe mich und miaue, bis ich berste und der Boden unter mir birst und die anderen vor Neid und Ärger bersten. Ich ziehe von einem Kater zum anderen, verärgere diesen und jenen. Die Kater kämpfen um mich, ich stehle mich davon und überlasse sie sich selbst, während sie sich gegenseitig kratzen. Ich schlendere, und heiter zwirbele ich meinen Bart.

O mein Gott, ich erwachte aus meinen Phantasien und war überzeugt, daß ich verrückt geworden und mein Mann dafür verantwortlich war. Jeder vernünftige Mensch wird begreifen, daß solch ein Ehemann, solch eine Isolation und soviel Fremdheit eine vernünftige Frau aus Fleisch und Blut zugrunde richten! Aber ich hatte nicht erwartet, daß meine Phantasien und Frustrationen mich in diesen Wahnsinn und Sadismus treiben. Sadismus! Nein, ich habe all dies nicht getan, ich betrog ihn nicht auf Anbars Art, schlitzte seinen Bauch nicht auf wie den eines Fisches und schnitt seine Kehle nicht durch wie die eines Huhnes. Mein Genuß beim Ausmalen dieser Bilder war ein Zeichen für meine verborgene Bereitschaft. Wenn der Druck zu stark wurde und ich die Nerven verlor – dann würde es geschehen. Ich werde als Verbrecherin enden. Ganz gewiß.

Ich stellte mich vor meine Spiegel-Freundin, um ihr

mein Leid zu klagen. Ich stellte ihr viele Fragen, und sie gab mir noch mehr Antworten. Auf jede Frage gab sie mehr als eine Antwort. Ich geriet in noch größere Verwirrung, verharrte im Schweigen und ließ mich wieder zu meinen Phantasien hinreißen. Dennoch fragte ich sie wieder: »Ist es die Ehe?«

Sie antwortete: »Ist es die Kindheit?«

Ich fragte: »Ist es die Gesellschaft?«

Sie antwortete: »Ist es die Natur?«

Ich fragte: »Ist die Phantasie Wahnsinn?«

Sie antwortete: »Ist die Wirklichkeit Wahnsinn?«

Ich hielt mich vom Spiegel fern, um nicht wahnsinnig zu werden, doch die Gedanken verfolgten mich. Vom Fenster aus sah ich Anbar ihrem schwarzen Kater davonlaufen und mit einem rothaarigen den Stamm der Palme emporklettern. Der schwarze Kater lief ihr hinterher, aber der rothaarige stieg zu ihm hinab, und sie verstrickten sich in einen erbitterten Kampf. Ich sah Anbar: Mit gekreuzten Beinen saß sie in der Palmkrone und schaute in die Runde, als wäre nichts gewesen. Der Wind wehte, ihr weiches Fell scheitelte sich und legte sich dann wieder zusammen, während sie mit gekreuzten Beinen auf dem Thron der Welt saß, als sei es die selbstverständlichste Sache der Welt. Unterdessen kämpften die beiden Kater unter der Palme weiter. Der schwarze beschuldigte den rothaarigen: »Du hast sie mir weggeschnappt, du hast sie mir weggeschnappt!«

Anbar äugte von den Ästen herunter, brach in schallendes Gelächter aus und sagte: »Ich werde nicht einfach weggeschnappt, ich bin frei, verstanden? Ich bin frei!«

Warum denke ich so etwas? Ich grübelte ganze Nächte

hindurch. Ich fand mehrere Erklärungen. Vielleicht die schwerwiegendste: Ich erlebte mit eigenen Augen, wie er mich in dieser erniedrigenden Weise austauschte. Er flirtete in meiner Gegenwart mit Frauen und versuchte sie in meiner Hörweite zu verführen. In solchen Situationen beachtete er mich nicht, als sei ich nicht vorhanden. Am Anfang protestierte ich, zeigte meinen Widerwillen. Als ich aber die Hoffnung aufgab, seinen Charakter zu verändern, sagte ich nichts mehr, meine Phantasie jedoch sagte vieles. Als ich meiner Mutter einmal Leid und Kummer klagte, begann sie mir Geschichten zu erzählen. Über die Ehefrau von jenem, die ihn überraschte, als er sich gerade an dem Dienstmädchen verging, und die Frau von jenem, die ihn erwischte, als er mit einem Jungen schlief, und so weiter... Sie erzählte mir eine traurige Geschichte nach der anderen, so daß ich von ihr wegging mit dem Gefühl, mein Mann sei ein Engel. Ich wurde zornig, als ich einen meiner Onkel sagen hörte: »Der Hahn überfällt die Hühner und kehrt gelassen nach Hause zurück.« Mein Onkel erwartete, daß ich diese Weisheit mit einem »Amen« beschließe, aber ich sagte es nicht. Ich begnügte mich damit, meine Hand zu drehen, um mich zu vergewissern, daß sie das Küchenmesser noch hielt, fand es nicht, stellte es mir aber vor.

Ich liebte ihn nicht, das ist mein endgültiges Urteil. Er war die Eifersucht nicht wert, aber eifersüchtig war ich trotzdem. Ob auf ihn oder seinetwegen, wie auch immer: ich war eifersüchtig. Daran gibt es nichts zu rütteln. Nach ein oder zwei Jahren Ehe, als ich mich der Tatsache vergewissert hatte, daß ich unfruchtbar geworden war, stürzte etwas in meinem Inneren ein und wurde zum Krüppel. Mein Denken war lange gelähmt, und nach der Operation beschäftigte mich wochenlang nur die Frage: Wer war der Grund? Ich fragte meine Mutter, ich fragte meinen Vater, und ich fragte ihn: »Wer hat ihnen erlaubt, die Operation durchzuführen?«

Mein Vater zeigte mir die Zähne wie gewohnt, schaute mir lange ins Gesicht und begann mich auszufragen: »Was hast du dir angetan?«

»Was habt ihr mir angetan?«

»Ich sage: Was hast du dir angetan?«

»Und ich sage: Was habt ihr mir angetan?«

Wir stritten lange darüber, wer mir dies angetan hat, und endlich wurde beschlossen, daß das Schicksal und der Himmel mir dies angetan hatten. Meine Mutter weinte, trocknete sich die Tränen, schaute aus dem Fenster und flüsterte: »Es ist dein Los und dein Schicksal!«

Ich wollte all diese endlosen Diskussionen nicht wieder aufnehmen, die ich bereits vor der Ehe, noch als Schülerin, kannte. Damals demonstrierte ich gern meine Macht und meinen Mut und zeigte, daß ich mich nicht beeindrucken ließ von all den Quellen der Angst und des Schreckens, mit denen sie uns oft einschüchterten: Schamlosigkeit... Tochter ehrenhafter Leute... das Geschick des Mädchens... das Glück des Mädchens... die Ehre des Mädchens... Das endete damit, daß sie mich einkreisten und abhängig machten. Und nun hatte ich keine Kraft mehr, um mich zu verweigern. Mir blieben nur Tränen, Trauer und das Gefühl vollkommener Lähmung.

Meine Mutter fragte mich, als sie aus meinen Augen Tränen hervorquellen sah: »Es gibt zwischen uns keine

Geheimnisse mehr, Afaf, sage mir und erleichtere mir mein Herz, und laß mich verstehen, um meinetwillen! Wenn dir das Kind leid tut, warum hast du es dann abgetrieben?«

Ich war bleich, geistesabwesend, zerstreut und welk, antwortete ohne Vorwände und Ausflüchte, denn ich hatte das Gefühl, daß es nichts mehr gab auf dieser Welt, um das ich fürchtete: »Mir tut das Kind nicht leid, ich wollte es nicht.«

»Warum dann also das Weinen und die Reue?«

»Weil ich völlig verkrüppelt bin. Wer wird mich jetzt noch heiraten?«

Meine Mutter antwortete nicht. Es vergingen Augenblicke, bevor ich ihr Schweigen bemerkte. Als ich mit versiegendem Bewußtsein aufschaute, sah ich ihren starren Blick auf mir, als habe sie plötzlich entdeckt, daß ich verrückt bin. Ich kannte diesen Blick, oft war er mir in meiner Jugend nach solchen harten Auseinandersetzungen zugeworfen worden, deshalb lächelte ich und flüsterte bitter: »Es gibt zwischen uns keine Geheimnisse mehr. Ich wartete darauf, daß ein Wunder geschehen, ich geschieden und mein Leben von neuem beginnen würde, aber das ist vorbei! Es ist aus mit mir, wer wird mich jetzt noch heiraten?«

Meine Mutter schluchzte!

Nach zwei Jahren der Ehe entdeckten sie seine Vergangenheit, seine Gegenwart und seine Zukunft, sie erkannten, daß sie einen großen Fehler begangen, voreilig geurteilt und mich für meine Schamlosigkeit bestraft hatten mit dem, was härter ist als der Tod. Sie entdeckten in meinen Händen einen Brief – einen Liebesbrief.

Schamlosigkeit. Innerhalb von zwei Monaten stand die Welt auf dem Kopf. Ich wurde ins Haus gesperrt, machte meine Abiturprüfung privat, bestand gerade noch. Nun hatte ich keine Rechtfertigung mehr, eine Ehe mit einem steinreichen Mann, der so schön ist, wie Kamal asch-Schinnawi war, abzulehnen. Ich heiratete und litt, wurde schwanger und verlor den wahren Grund meines Weiterbestehens in einer Umwelt, in der die Lebensberechtigung einer Frau von der Fortpflanzung abhängt.

In meiner Jugend hatte ich darüber gespottet. Als ich mich aber in die Wirklichkeit stürzte und in die Welt der realen Ehefrau eintrat, erkannte ich, daß es kein Leben außerhalb dieses Rahmens gab, daß er mich festlegen würde, ob ich wollte oder nicht. Ich würde keinen Ort zum Leben finden, solange ich mich nicht gegen diese Grundprinzipien sperrte und gegen den Strom schwamm. Von hier aus begann ich die Reise; ich zählte meine günstigen und gewinnbringenden Voraussetzungen. Erstens: Tochter einer angesehenen Familie. Zweitens: hübsch. Drittens: jung. Viertens: Abitur (knapp). Und an erster und letzter Stelle: eine versprochene Erbschaft. Ich ging weg wie Festtagsgebäck. So redet man über gängige Mädchen. »Gängig« – das heißt Ware. Auf hocharabisch bedeutet das, daß ich eine gefragte Ware war. Noch deutlicher: eine Ware. Dies waren meine Voraussetzungen, auch die Voraussetzungen für meine Bewertung und Begutachtung. Kein Wunder, daß ich den Verstand und die Vernunft verlor und alle Keime der Hoffnung in mir gelähmt wurden, als ich erfuhr, daß ich keine fruchtbare Frau mehr war. Ein Mädchen, das ohnehin schon geringes Selbstvertrauen hat und aufgrund seiner Zugehörigkeit zum schwachen Geschlecht von vornherein angezweifelt wird, kann prophetische Kräfte im Widerstand entwickeln. Es liegt nahe, daß es die Vorstellungen der Umwelt anzweifelt, daß es sich der Auffassung von Schamlosigkeit widersetzt, der Auffassung von Achtung, den Umgang mit Liebesbriefen, Straßenmädchen, dem Wahnsinn des Malens, dem Apfel, der anders war, und dem Urin – dem Kölnischwasser.

Heute finde ich logisch, was ich in meiner Jugend unlogisch fand. Die Logik wurde zum Maßstab, mit dem ich meine Pluspunkte abschätzte. Meine Pluspunkte pflasterten den Boden der Realität und die Asphaltstraße, auf der die Menge geht. Ich hatte die Welt des Malens verlassen; er hatte sich von mir getrennt. Um auf dem Asphalt gehen zu können, mußte ich unbedingt eine Stelle zum Auftreten finden. Ich stamme aus einer Familie, die es gewohnt ist, Autos zu fahren und auf Rädern die Fußgänger zu überholen. Deshalb war ich, nachdem die Schwingen des Malens mich unbeflügelt zurückgelassen hatten, überzeugt davon, daß nur der Asphalt bleibt. Ob ich ihn nun rennend, gehend oder kriechend überquerte, Asphalt blieb Asphalt. Da er ermüdend und aufreibend ist und der Geruch des Teers Kopfschmerzen verursacht, warum steige ich nicht in ein Auto und schließe die Fenster, um so dem Geruch und dem lästigen Lärm zu entkommen, und eile davon? Warum mich im Stau und Gewühl drängen? Wozu das Gedränge, Gestoße und Geschubse? War das nötig, nur um zum Ende des Asphaltes zu gelangen? Aber Asphalt blieb Asphalt. Was für ein erstrebenswertes Ziel! Was für eine Pracht!

Es ist das, was tatsächlich geschah. Ich verlor die Schwingen des Malens, stürzte ab, verlor die Liebe, verwelkte. Nur Asphalt, Passanten, Stoßen und Gestoßenwerden. Aus Langeweile, Widerwillen und Verzweiflung stieg ich in ein Auto, setzte mich auf den Rücksitz und schloß die Fenster. Zwischen mir und dem Fahrer waren eine gläserne Trennwand und ein Tabu. Ich fragte nicht mehr, wohin die Reise führt, wohin ich fahre und wie ich dorthin gelange, denn alle Straßen führen zur Mühle.

Meine geliebte Anbar, du schläfst. Du schläfst zu meinen Füßen, wie ich zu Füßen der Tage schlafe. Nun habe ich meinen Platz in dieser Welt gefunden. Nun bin ich es leid, Widerstand zu leisten, ich habe die Waffen niedergelegt. Welche Waffen? Meine Waffen waren nur wenige: Tochter einer angesehenen Familie, hübsch, jung, Abitur (knapp). Sogar als ich jünger und schöner und das Abitur mehr wert war, hatte ich meine Waffen niedergelegt, weil sie nichts ausrichteten. Was sind das für Waffen, die mich nicht vor einem Papierschnipsel schützen können, auf dem geschrieben steht: »Ich liebe dich bis in die Ewigkeit!« und der in einem Buch gefunden wurde, das farbige Bilder weltbekannter Maler enthielt. Was nutzten mir Schönheit, Jugend und Abitur? Alle zusammen konnten nicht vor einer einzigen Anklage schützen: der Schamlosigkeit. Auf die Schamlosigkeit folgten die Verlobung, das Hochzeitsfest mit Pauken und Trompeten. Was nutzten Buch, Flugblatt und Farben? Alle zusammen konnten keinen Fußbreit im Gedränge des Asphaltes frei machen. Jahrelang spottete ich über das Buch, das Flugblatt und die Farben. Ich haßte sie, so wie die Menschen in meinem Land hassen, ja sogar noch viel mehr. Der Schock, den wir durch jemanden erfahren, den wir lieben, ist härter. Dies ist, was tatsächlich geschah. Als ich mit der Anklage konfrontiert wurde, halfen mir kein Buch, kein Flugblatt und keine Farben. Ich stand mitten auf dem Asphalt und schwenkte meine Fahnen, da überwältigten mich Gelächter, Geschrei und Gedränge. Ich war nicht an das Gedränge gewöhnt und nicht daran, die Straße mitten im Gedränge zu überqueren. Ich hatte Angst, wandte mich um, suchte nach einem Ausweg, um mich zu retten. Ich sah eine geöffnete Autotür, stieg ein. Sogleich erholte ich mich von der Belästigung. Die gläserne Trennwand erleichterte mich von der Last des Lärmes. Ich keuchte auf dem Rücksitz, bis ich meinen Atem wiedererlangte, dann rief ich mir die Geschehnisse zurück. Ich sah, daß ich keine Füße und keine Flügel mehr hatte, schwach, kraftlos war. Ich sah, daß ich wieder war, wo ich hingehörte – zu den Gelenkten. Und ich sah die Grenze der Gefangenen. Das Rad rollte und rollt.

Meine geliebte Anbar. Ich liebe dich. Mein Herz ist überwältigt von Zuneigung und Zärtlichkeit. Ich liebe dich sehr. Mein Herz ergießt sich wie geschmolzener Amber. Deswegen nannte ich dich Anbar. Du verkörperst eine Kindheit, die mir versagt geblieben ist, eine Vergangenheit und eine Zukunft. Frauen sind wir, du und ich. Durch dich finde ich Trost und schüttle meine Bedrücktheit ab. Ich trage dich in meinen Armen wie ein kleines Mädchen, und in deinen Augen liegen meine unbegreiflichen, unbekannten Wünsche. Deine Augen überwältigen mich, in ihnen sehe ich den Mut, den ich vor langer Zeit verlor. Dein klarer, fester und lebendiger

Blick! Dein über Angst und Verbot erhabener Blick. Dein Spähen aus engen, dann sich weit dehnenden Pupillen, die rasch zwischen Licht und Dunkelheit, Tiefe und Oberfläche springen. Du löst dich von den Fesseln des Bedürfnisses nach Liebe und Zuneigung, und du gibst dich deinem Begehren und Naturtrieb wild hin. Kein Besitzergreifen, kein Beherrschen und kein Bemächtigen. Keine Unterwürfigkeit und keine Demut. Du bist keine Hündin, die ich mit einem Knochen besteche und die dann ihre Krallen einzieht und sich ergibt. Sogar ich, meine Pflegetochter, rechne mit deiner Wachsamkeit. Du bist keine Hündin, deshalb liebe ich dich. Du bemächtigst dich nicht und ergreifst keinen Besitz, o wie prachtvoll! Das ist die Quelle deiner Stärke und das Geheimnis deiner Freiheit. Was bin ich im Vergleich zu dir, was bin ich?

Sie sagen über dich, du wärst treulos und listig, ich sage etwas anderes. Ich sage, daß ich dich kenne, weil ich mich selbst kenne. Ich erkenne mich selbst in dir. Mich selbst, die ich verborgen bin im Spiegel der Nacht. Meinen Schatten, der im Unterbewußten wohnt. Meine im Bewußtsein und Unterbewußtsein fehlende Freiheit. Ich bin du – auf, laß mich mit dem Malen beginnen. Eine Frau mit dem Schatten einer Katze.

6

Wochen vergehen, ohne daß einer den anderen anspricht. Ich versuche, ihn nicht zu provozieren und er nicht mich, jeder lebt in seiner eigenen Welt. In solchen Phasen, die die Regel unserer Ehe sind, verzichtet jeder darauf, etwas vorzutäuschen, was nicht ist. Täuschen wir etwas vor, dann manchmal aufgrund gesellschaftlicher Umstände oder um des lieben Friedens willen. In diesem Land gibt es aber keine gesellschaftlichen Umstände, die etwas erfordern, was nicht in uns ist. Eine vollkommene Einsamkeit, in der es weder Mensch noch Dschinn gibt. Keine Eltern, keine Freunde, keine Bekannten und keine Nachkommen. Keine Wesenszüge des Landes, die mir vertraut sind, auch nicht der Dialekt seiner Bewohner. Alles ist fremd, alles weit weg, und im Inneren bin ich eine Seidenraupe im Kokon. Mit der Zeit verwandle ich mich in eine Raupe. Eine wirkliche Raupe. Eine Raupe, die nichts anderes kann als kriechen. Höre ich zufälligerweise die Nachrichten meines Landes, zucke ich die Achseln und sage: Mein Leid genügt mir. Ich erinnere mich an die ersten Tage der Besatzung, als die Menschen flüchteten, Angst hatten, hungerten und ununterbrochen klagten. Bleich im Gesicht sage ich: So wird ein Land schwanger und gebiert. Abends, wenn der kleine Bildschirm eingeschaltet ist, ertönt eine Stimme, die sagt: Wer geliebte Menschen hat in seinem Land... Ich weine, ohne eine Erklärung dafür zu suchen. Am Morgen kehre ich zu meinem Raupendasein zurück.

Erwache ich morgens, prallen meine Blicke auf einen geschmacklosen Schrank. Ein Spiegel, Verzierungen und Schnitzereien. Der dicke Vorhang verbirgt die Palme der Botschaft. Das Botschaftsgebäude schirmt die Sonne aus dem Osten ab. Als wäre alles in diesem Haus speziell dafür gemacht, um vor mir etwas abzuschirmen. Dieser Schirm, der das Einströmen von Licht und das Atmen verhindert, muß er immer um mich sein? Wer ist er? Der widerwärtige Mann einer unfruchtbaren Frau. Und wer bin ich? Eine Frau, an deren Gegenwart er sich trotz ihrer Unfruchtbarkeit gewöhnt hat. Sie putzt sein Haus, kocht für ihn, unterwirft sich seinen bestialischen, sadistischen Neigungen, macht ihm keine Vorwürfe, tadelt ihn nicht, sie hat sich an alles gewöhnt und die Hoffnung aufgegeben.

Die Sehnsucht nach Kindern steigerte sich mit meiner zunehmenden Einsamkeit und Hoffnungslosigkeit von Jahr zu Jahr. Das Gefühl, wertlos zu sein, wuchs. Bisweilen dachte ich: Gott ist mir wohlgesinnt, mein Mann schweigt über mich, obwohl er der Grund war. In einer finsteren Nacht geschah es und geschah doch nicht, aber am Morgen war es erledigt. Ich war noch jung und eigensinnig. Ich wollte ihm beweisen, daß es nicht zur Ehe kommen würde. Tatsächlich habe ich es bewiesen, aber wem? Niemand wollte es wissen, da schluckte ich es allein hinunter. Und er? Er hatte bereits ein Bündnis mit ihnen geschlossen. Ich betrog ihn nicht, belog ihn nicht, behandelte ihn als Menschen und wußte es nicht. Er heiratete mich mit Gewalt, all meinem Bitten und Flehen zum Trotz, und bestrafte mich dann für meine Aufrichtigkeit.

Als ich die Anfänge der Schwangerschaft spürte, versuchte ich alle Mittel, über die ich die Frauen reden hörte: Kümmel, Chinin, Rizinus, Bittersalz und dann Pillen von einem Drogisten. Zwei Tage lang hatte ich Bauchkrämpfe, und am dritten lag ich im Krankenhaus. Mehr möchte ich nicht sagen. Doch, ich sage es. Gestern nacht schlich er sich wie üblich ein. Wie üblich steckte er den Schlüssel verstohlen in die Tür und trat auf Zehenspitzen ein. Jahre vergingen, bis ich mich an diese Art gewöhnt hatte. Inzwischen kannte ich ihn, seine Art zu denken, seine Vorstellungen und Phantasien. Seine Phantasie versicherte ihm, daß eine Frau unmöglich einen Mann ablehnen konnte, ohne einen Ersatz zu haben. Und was ist der Ersatz? Es bestand kein Zweifel, daß es einen Ersatz gab. Und wie erkennt man den? Man muß sie auf frischer Tat ertappen. Ich hatte mich so daran gewöhnt, daß es mich nicht mehr traf. Aber ich konnte mich nicht an das menschliche Gespenst gewöhnen, das plötzlich über meinem Kopf auftauchte. Über meinem Kopf, hinter meinem Rücken, in der Glasscheibe, im Türspalt, im Schlüsselloch. Es traf mich nicht mehr, aber ich konnte einen geheimen Schluchzer oder Schrei nicht unterdrücken. Das Wunderbarste an der Sache war, daß ich ihn nicht mehr tadelte, mich nicht beschwerte oder beklagte, weil wir uns im Zustand eines dauerhaften kalten Krieges befanden und weil Anbar ihm seine Verstohlen- heit vermasselte und mich warnte.

Er schlich sich gestern nacht wie üblich ein. Das Einschleichen mißlang dank Anbar und seinen Gleichgewichtsstörungen. Er erbrach sich überallhin. Er rief mich, da stellte ich mich schlafend. Er bedrohte mich, und ich schlief noch fester. Er öffnete das Fenster und begann zu fluchen, so daß ein Mann aus dem Nachbarhaus schrie und versuchte, ihn zum Schweigen zu bringen, sie ergingen sich in Schmähungen und Beschimpfungen, während ich in meinem Bett vor Angst und Ekel zitterte.

Am Morgen war er stumpf und leblos wie ein leerer Sack. Er näherte sich meinem Bett, setzte sich auf die Kante und weinte reuig. Ich war welk wie ein gelber Zweig. Ich bat ihn, sich von mir scheiden zu lassen, doch war er in einem demütigen Reuezustand, der ihn manchmal befiel, womit er mir die Möglichkeiten zum entschlossenen Handeln nahm, über die ich ohnehin nicht verfügte. Er sagte, ich sei eine ehrbare Frau, ein Engel, ich sei sein Los, wie er mein Los sei. Ich sah, daß er die Wahrheit aussprach. Ich war überzeugt, daß das Martyrium belohnt würde, und mich überkam das Gefühl einer Heiligen. Es vergingen Augenblicke, bis ich den Betrug entdeckte, meinen und seinen. Ich forderte wieder, daß er als Vormund mir die Erlaubnis gewährte, den Ort meiner Verbannung verlassen zu können. Er verließ mich und fluchte vor sich hin, weil ich seinen Stolz verletzt hatte. Ich sei eine undankbare Frau, bei der keine Nachgiebigkeit und keine Menschlichkeit nützt. Ich sei außerdem verworfen, eigensinnig und verrückt und, was noch verletzender war, unfruchtbar.

Ich nahm Anbar auf den Arm, drückte sie an meine Brust und vergoß kalte Tränen auf ein kaltes Gesicht. Ich öffnete das elektrische Gerät und fütterte es mit

Kleidung. Dum tik dum tik dum. Das Leben verrinnt, und das Wehklagen wird laut, meine Trauer dehnt sich wie eine Wäscheleine. Ich hängte die Wäsche auf, während Anbar mir mit ihren Blicken folgte. Ich setzte mich auf die Brüstung des Daches und betrachtete die Welt mit leerem Kopf. Sonne, Licht, Wind, neue und alte Gebäude. Straßen, die ich nicht kenne und die mich nicht kennen. Gesichter, die mir unbekannt sind und mit denen mir der Umgang unbekannt ist. Eltern, die mich verließen, als ich noch ein unreifes Mädchen war. Freunde, die ich nicht kenne, eine Arbeit, die ich nicht gut beherrsche, eine weite Welt, von der ich weder ihren Anfang noch ihr Ende kenne. Ich kehrte in mein Haus zurück und betrachtete es Stück für Stück, Ecke für Ecke. Ich sagte mir, dies ist der Ort, den die Welt für mich erwählt hat, und daß ich keinen anderen Ort außer diesem habe, der mich umfängt oder beherbergt. Die Wahrheit ist folgende: Für eine Frau gibt es keinen Ort außer ihrem Haus.

Dies ist nur eine Wahrheit für mein Bleiben im Haus. Die wichtigste ist: Ich gewöhnte mich an ihn. Bevor ich mich an ihn gewöhnen konnte, mußte ich mich anpassen. Ich war gezwungen dazu. Das ist die zweite Wahrheit. Ich war jung, und jetzt bin ich alt. Was nicht bedeutet, daß ich die Welt kenne oder eine andere Möglichkeit, in ihr zu leben – das ist die dritte Wahrheit. Die vierte, die fünfte und die zehnte – alle münden in ein Zentrum, in einen Kokon. Höhenflüge vollbrachte ich nur in den Phantasien und Träumen des Verbrechens. So verlor ich mein Gewissen. Das Verbrechen wurde zu einem glücklichen Traum, in den ich mich flüchtete, wenn ich eine dieser lautstarken, sich wiederholenden Szenen erlebte. Der Treuebruch wurde zu einem Wunsch, nach dem ich mich sehnte, um mich zu rächen. Ich verhielt mich nun tatsächlich spröde und unfreundlich. Ich übte mich darin, seinem Flehen und seinen Selbsterniedrigungen gegenüber keine Milde walten zu lassen. Ich stellte mich vor den Spiegel und trainierte einen Gesichtsausdruck, vor dem er sich fürchten sollte. Er war einer von denen, die keine Grenzen kennen, solange sich ihr Gegenüber geduldig zeigt. Auch ich war geduldig, war gezwungen, geduldig zu sein. Er war verwöhnt und verhätschelt aufgewachsen, ein Mann inmitten eines Bataillons von Frauen. Alles, was er verlangte, wurde ihm gegeben und erlaubt. Er zerrte seine Schwestern an den Haaren, daß er ganze Büschel in der Hand hielt, und wenn es ihm paßte, trat er sie mit Füßen. Er prahlte mit diesen Erinnerungen, erzählte sie absichtlich in meiner Gegenwart, um mir zu beweisen, daß er schon seit seiner Kindheit jähzornig war. Und daß die gesamte Familie – vertreten durch seine Mutter, seinen Vater, seine Schwestern, seine Tanten väterlicherseits, seine Tanten mütterlicherseits, die Ehefrauen der Onkel väterlicherseits und die Ehefrauen der Onkel mütterlicherseits –, die Nachbarinnen und ihre Ehemänner, die Kinder unseres Viertels und alle Leute diese Angelegenheit vorbehaltlos hinnahmen. Die Sache war nämlich die: Er war das Juwel des Hauses, die Zier seiner Schwestern, der Augapfel und Behütete der Familie. Dieses Phänomen war mir nicht neu, denn auch ich bin in einem Haus erzogen worden, das sich mit dem Urin des Mannes parfümiert. Weil mir dieses Phänomen nicht neu war, war ich es gewohnt.

Und aus Gewohnheit haßte ich es. Ich trank seine Bitterkeit, bis diese sich in meinem Innersten niederließ und sich in meinen Blutkörperchen einnistete. Seinetwegen verlor ich meine Identität und wurde zum »Hermaphrodit«, seinetwegen blieben mir die Basmala- Formeln, die Segenswünsche, der Alaun und die blaue Perle verwehrt. Seinetwegen wurde ich nicht vom bösen Blick getroffen, und sei es nur ein einziges Mal. So hatte ich keinen Anspruch auf Zauber, Salz und Gefäß, in dem Räucherwerk verbrannt wird. War ich neidisch? Natürlich war ich neidisch und bin es noch. Wer von uns wünscht sich nicht, Parfüm zu pinkeln? Da der Wunsch niemals zu verwirklichen war, war ich neidisch. Die blaue Perle wurde an den Jungen vergeben, ihr Wert stieg, und ihr Gewicht wurde schwerer, so daß seine Schultern unter ihrer Last sich krümmten. Er beugte sich noch mehr, und ich wurde noch neidischer. Es mißlang mir, ihn mit dem bösen Blick zu treffen, da mein Blick schon seit langem gebrochen war. Je mehr er sich beugte, desto mehr verspürte er den Wunsch, sich aufzustützen. Er stützte sich auf mich, bis mir kein Körperteil mehr blieb, der nicht unter einem Vorwand ausgebeutet wurde. Mein Kopf, mein Bauch, mein Gesäß, mein Lächeln, mein Blinzeln, meine Schamlosigkeit und mein Verbrechen. Deshalb wurde ich zu einer Verbrecherin ohne Verbrechen.

Ich stand hinter dem Spülbecken, sang schwermütige Lieder, und meine Gedanken waren mit dem Abwaschen von Löffeln, Gabeln und mit noch etwas anderem beschäftigt. Ich hielt das große Küchenmesser, kratzte an der Schneide mit der Drahtbürste, polierte sie und stellte mir vor, ich würde das Ding gebrauchen. Manchmal, wenn ich es benutzte, um Fleisch zu schneiden, fragte ich mich mit einem geheimnisvollen Lächeln auf dem Gesicht: »Wessen Fleisch ist das?« Ich streckte den Hals des Huhnes, bis er gespannt war wie eine Saite, und sagte: »Wessen Hals ist das?«

Ich spürte es kalt meinen Rücken hinunterlaufen und fragte mich: »Was machst du da, Afaf?«

Afaf sagte: »Ich mache gar nichts.«

»Wo ist das Bewußtsein, Afaf?«

Afaf fragte: »Welches Bewußtsein?«

Das Bewußtsein der Träume und der Farben und der Rückzug in den siebenten Himmel unter den Zweigen des Chinarindenbaumes. Unter dem Chinarindenbaum? Mach mir nicht noch mehr Kummer, ich erzähle dir, was wir unter den Zweigen des Chinarindenbaumes getan haben, Anbar. Hör zu, meine Kleine. Ich war verliebt in die Malerei, in Abd al-Halim und Abd an-Nasir. Abd an-Nasir, o Anbar, war ein Gott, und der Koran, das waren Flugblätter, die wir uns in den Büstenhalter steckten, während wir versteckt waren hinter den Zweigen des Chinarindenbaumes auf dem Hof der Oberschule, von dem aus das Apfeltal zu überblicken war. Das Apfeltal war weit weg von der Schule, jetzt aber ist es nah. Der Frühling in meinem Land ist eine Kostbarkeit. Die Mandelblüten erlöschen, und es entflammen die Apfelblüten und das Verlangen nach ihnen. Ich bin nicht in ihren Geschmack verliebt, Melonen mag ich lieber, aber ihre Blüten, o Anbar, sind durch nichts zu übertreffen. Auf dem Schulhof gab es nur einen Apfelbaum, den nahmen die Juden. Nein, nicht die Juden, niemand nahm ihn. Meine Mutter nahm ihn. Ich stand unter dem Chinarindenbaum, ein Auge auf den Apfelbaum gerichtet, das andere auf ein Flugblatt. Sie hatte zwei Augen wie du, groß, mutig und grün. Sie rief mich flüsternd: »Afaf, komm!« und zwinkerte mit ihren Augen. Ich verstand. Ich ging am Apfelbaum vorbei, dann zum Chinarindenbaum, dort steckte ich das Flugblatt an meine Brust. Manchmal unterhielten wir uns. Ich war nicht verliebt in das Flugblatt, denn darin fand ich nicht, wonach ich suchte. Ich suchte die Antwort für eine Zuneigung, die ich nicht bekam. Dennoch beharrte ich darauf, die Flugblätter zu lesen. Als ich sie fragte: »Wo ist das, wonach ich suche?« sagte sie: »Du darfst nicht nach diesem suchen, suche nach jenem!«

Betroffen antwortete ich: »Aber ich suche nach diesem!«

Sie sagte: »Nach diesem zu suchen ist falsch, suche nach jenem!«

Deswegen fand ich weder dieses noch jenes, ich blieb verliebt in Abd an-Nasir, das Malen und den blöden Jungen.

Einige Tage zeigte ich mich spröde. Sie zwinkerte mir zu, und ich gab vor, nicht zu verstehen. Als sie auf ihre Brust deutete, wo sie das Flugblatt versteckt hielt, stellte ich mich dumm und sagte: »Ihr Mädchen von Kufr Kanna, ach, eure Granatäpfel.«

Sie zerrte an meiner Hand und zog mich mit Gewalt zum Chinarindenbaum. Mit aufgerissenen Augen sagte sie: »Laß mich verstehen, was mit dir ist!«

»Mist!«

Sie schleuderte mir zwei zornige Worte entgegen und

ich ihr zehn. Schließlich beruhigte sie sich: »Also gut, laß mich verstehen, was ist mit dir?«

Ich war noch immer wütend: »Deine Flugblätter sind nicht einmal eine Zwiebel wert!«

Gelassen fragte sie: »Warum? Erklär es mir!«

»Deine Flugblätter sprechen von Gefangenschaft im Osten, von Gefangenschaft im Westen, im Norden und im Süden. Aber sie sprechen nicht von meiner Gefangenschaft!« Sie lächelte mitleidig, und ich sah in ihren Augen das Wort Verrückte. Da geriet ich außer mich und schrie: »Meine Gefangenschaft und deine Gefangenschaft, verstehst du nicht?«

Sie sagte nur: »Nein!«

Ich erzählte ihr vom Urin, dem Kölnischwasser, ich erzählte ihr von der Schamlosigkeit und dem Töten, ich erzählte ihr von den Geldstücken im Suppentopf. Ich ergriff einen trockenen Zweig des Chinarindenbaumes und schlug ihn. »Und ich bin auch unterdrückt, ich bin auch unterdrückt!«

Wichtig sagte sie: »Nein, vielmehr gehörst du zur unterdrückenden Klasse!«

Meine Schläge auf den Baumstamm wurden heftiger, und ich schrie: »Die unterdrückende Klasse unterdrückt mich. Zum Teufel mit den Unterdrückern und den Unterdrückten, das alles bedeutet mir nichts!«

Ruhig wiederholte sie Sätze und Begriffe, die wir zusammen in dem Flugblatt gelesen hatten. Ich fuchtelte mit dem Zweig, brach ihn entzwei und ließ sie allein zurück. Ich murmelte: »Gefangenschaft im Osten, meine Gefangenschaft ist im Westen, Damaszener Melonen, bla, bla, bla. Wo ist meine Gefangenschaft? Der Arbeiter, der

Bauer, der verwöhnte Bourgeois. Es wird verlangt, daß ich den Arbeiter und den Bauern vor dem verwöhnten Bourgeois rette. Aber ich bin nicht verwöhnt. Soll ich sie retten? Und wer rettet mich? Vermag ein Ertrinkender zu retten? Im Ernst!«

Ich boykottierte sie und ihre Flugblätter und kehrte zu den Farben zurück, an denen ich meine gesteigerte Wut ausließ. Die gemalten Gesichter wurden noch infernalischer und verrückter. Und meine Farben wurden noch bösartiger und phantastischer. Die Augen rot, die Lippen blau, zerzaustes Haar, kleine Mädchen von Raupengröße, hockend auf dunklen Flächen, die von hohen, unüberwindbaren Mauern umgeben sind, gespenstische Mädchen mit Gesichtern voller Narben und schwarzer Schatten, deren Hälse in Galgenstricken stecken, die von niedrigen Decken herabhängen. Die Leute sahen sich meine Bilder mit Besorgnis und Widerwillen an. Ich hörte sie, meine Abwesenheit nutzend, über mich, meine Entgleisung und meinen exzentrischen Charakter herziehen, während ich mich hinter den schräggestellten Möbelstücken versteckt hielt und sie als gallertartige, wild wuchernde Gestalten malte. Ihre Zungen hingen ihnen bis zu ihren Geschlechtsteilen herab, ihre Arme waren lang wie Seile, und vor ihnen befanden sich Äpfel, gekochtes Essen und Mädchen. Die Familie geriet außer sich; sie entrissen mir die Farben, da malte ich mit Kohle. Sie entrissen mir die Kohle, da malte ich mit Kreide auf dem Hof, auf dem Spielplatz und auf den grauen Wänden, sie nahmen sie mir weg, da malte ich mit den Zweigen der Bäume im Sand, rupfte Gras aus und formte es, schnitt Blätter ab, klebte sie auf und spielte

Theater. Da begafften sie mich noch mehr, und wir ergötzten uns alle.

Ich schloß einen Waffenstillstand und versöhnte mich mit ihr, zog sie an der Hand und sagte: »Du bist nett und geistreich, aber du verstehst nichts!«

Höflich sagte sie: »Wie?«

»Stell dir vor, ich werde von hier weggerissen und nach Moskau gebracht, werde ich mich da verändern?«

Gläubig erwiderte sie: »Natürlich!«

»Und meine Brüder Fuad, Gamal und Ali, verändern die sich?«

»Natürlich!«

»Und werden sie aufhören, Parfüm zu pinkeln?«

»Mach keine Witze!«

»Also gut, im Ernst, wenn ich dort hingebracht würde, wie soll ich vergessen, womit ich aufgewachsen bin?«

»Du wirst nicht alles vergessen, du wirst dich auch nicht sehr verändern, aber deine Kinder werden sich verändern.«

»Und was ich an Problemen geerbt habe, wird sich das nicht auf meine Kinder übertragen?«

»Ein Teil davon wird übertragen.«

»Auch, daß ich den Mann der Frau vorziehe?« Sie lächelte, da schrie ich: »Lach nicht, du selbst, wünschst du dir nicht, ein Mann zu sein und keine Angst zu haben um das Jungfernhäutchen, vor den Monatsbeschwerden, der Schamlosigkeit, dem Töten? Lach nicht, wünschst du dir nicht, daß sie dich verwöhnen und bedienen und daß sie dich zum Hüter und Behüteten machen, dir Kerzen und das Räuchergefäß anzünden und dich durch magische Sprüche vom bösen Blick schützen?«

Sie floh vor mir und ließ mich die Zweige des Chinarindenbaums entzweibrechen, Blätter ausrupfen und teuflische Gesichter in den Stamm kratzen, die abscheulich lachten und Augen hatten, aus denen blaue Perlen, Alaun und Rosinen quollen. Sie schickte mir einen Zettel, ein kleines Mädchen, das eine rote Schleife im Haar trug und boshaft lachte, reichte ihn mir und rannte weg. Ich faltete ihn auseinander und las »Bourgeois«. Ich steckte ihn in meine Tasche und ging ins Badezimmer.

7

Je mehr ich mich ins Malen verliebte, desto gewaltiger wurde ein widersprüchliches Gefühl, eine Mischung aus Erhabenheit und Einfalt. Ich las die Biographien bedeutender Künstler, bis ich voll war von ihren Abenteuern, Qualen, ihrem Glück und ihrem Kummer. Trotz meiner dürftigen Bilder glaubte ich ebenso bedeutend zu sein wie sie. Ich schuf mir eine sonderbare, künstliche Sphäre, die kompliziert und weit entfernt war von meinem einfachen romantischen Wesen. Ich entdeckte ihren Reiz und versank mit Wonne darin. Ich begann scheinphilosophische Gespräche zu führen, um den anderen zu beweisen, daß ich eine angesehene Künstlerin bin. Das Scheinphilosophieren riß mich so sehr mit sich, daß ich mit dem Gedanken daran einschlief und erwachte. Die Welt wurde komplizierter, als sie war, reicher, als sie war, glücklicher, als sie war, und unglücklicher. Alles bekam eine Bedeutung, eine gewaltige Bedeutung. Die geringsten, nichtigsten Anlässe versetzten mich in helle Aufregung. Ich beobachtete mich selbst mit zwei Augen, die sich nicht schließen wollten. Und die anderen beobachtete ich mit skeptischen und auf Kritik abzielenden Blicken. Es strengte mich an, meine Verhaltensweisen und Gefühle und die der anderen zu verfolgen. Ich wurde mutiger, als ich war. Meine Mutter nannte mich »schamlos«, als ich eines Tages heftig mit ihr stritt. Ich mißachtete die Schamlosigkeit, in meinen Augen war sie eine bloße Lüge. Ich stritt über die Bedeutung der Schamlosigkeit und sagte, daß die anderen, die den Mut und die Aufrichtigkeit als Schamlosigkeit betrachteten, noch schamloser seien. Was habe ich getan, um mit dieser furchtbaren Eigenschaft gebrandmarkt zu werden? Ich schrieb keinen Liebesbrief und erhielt auch keinen, ich liebte nicht den dunklen Isam oder irgendeinen anderen Jungen. Aus welchem Anlaß veranstalteten sie dieses Gezeter um einen Liebesbrief, wo doch das Leben der Künstler, die zu meinem höheren Ideal geworden waren, voll war von Liebe. Diese Künstler waren die Verständigsten, die Aufrichtigsten und die Tapfersten. Sie liebten, schrieben Liebesbriefe und brachten Opfer für die Liebe. Van Gogh schnitt sich seiner Geliebten wegen das Ohr ab. Leonardo da Vinci malte dank seiner Geliebten das berühmteste Gemälde der Welt. Botticelli verewigte die Wesenszüge der Venus nach den Wesenszügen seiner Geliebten. Alle offenbarten der Welt das Wundervollste, was es aus Liebe und für die Liebe gibt. Ich verstand, daß die Leidenschaft Liebe ist, fand aber das Wort Liebe sanfter, zarter und erhabener. Ich hörte sie »Leidenschaft« sagen, lächelte und bezeichnete sie als unwissend.

Ich trieb meine Schamlosigkeit an die Grenze. Es gab für mich in der Welt keine allgemeingültige Wahrheit mehr. Die Liebe war kein Übel, das Malen kein bloßes Hobby mehr. Die kleinen Dinge kamen an mir nicht mehr vorbei, ohne daß ich mit der Welt kämpfte, um eine Erklärung zu finden, die dieser widersprach. Die

Kluft zwischen mir und den anderen vertiefte sich, weshalb sie mich mit allem betitelten, was häßlich ist. Sie verfolgten mich mit mißbilligenden Blicken und verächtlichen, abschätzigen Äußerungen, bis ich an mir selbst zu zweifeln begann. Immer wieder hörte ich sie hinter meinem Rücken sagen, ich sei ein anormales Mädchen. Deshalb schleuderte ich ihnen Gehässigkeiten ins Gesicht. Es waren Gehässigkeiten, die ich die Frauen in den Stadtvierteln sich gegenseitig aus Fenstern und Türen zukeifen hörte. In einem Moment guter Laune fragte mich meine Mutter, woher ich all diese Schimpfwörter und Ausdrücke hätte. Ich war verblüfft. Ich antwortete: »Von den Leuten.«

»Welchen Leuten?«

»Den Leuten auf den Straßen, in den Gassen und überall.«

»Welchen Gassen?«

»Wo meine Schulfreundinnen wohnen.«

Sie verbot mir, sie zu besuchen; ich widersetzte mich. Weil mein Widerstand erfolglos blieb, wurde ich starrköpfig. Ich schnappte nun die Schimpfworte überall auf, um zu beweisen, daß ich frei bin. Sie sagte, meine Freundinnen seien Straßenmädchen. Ich sagte: »Dann bin auch ich ein Straßenmädchen.« Sie ohrfeigte mich, ich schrie und fluchte laut in die Welt. In ihrem verzweifelten Versuch, meine Fehltritte zu korrigieren, beobachteten sie all meine Verhaltensweisen und zählten meine Atemzüge. Sie verboten mir den Umgang mit diesem oder jenem Mädchen, wenn sie erfuhren, daß das Mädchen aus einer »niederen« Familie stammte. Ich heftete mich erst recht an die Mädchen aus »niederen« Familien und ahmte sie in ihrer Sprech- und Ausdrucksweise und ihrer ungestümen Art nach. Sie benutzten Ausdrücke, die Sympathie und Aufrichtigkeit zeigten. Ich platzte vor Lachen, wenn ich die Spontaneität der einen mit der Affektiertheit der anderen verglich, wobei die letzteren mich zum Lachen brachten. Jetzt aber lachte ich nicht mehr.

Ich war zu einem Symbol für sie geworden. Ich merkte mir und zählte die Vorzüge, ich fand, daß sie reifer waren. Kleine Frauen, die es verstanden, Teig zu kneten, zu nähen und ihre Binden auszuwaschen. Obwohl sie in der Schule meist im Rückstand waren, war das ärmste Mädchen die Klassenbeste. Dieses Mädchen hatte einen lustigen Namen, den die anderen wiederholten und dabei hochmütig lachten. Sie hieß Ragda al-Milaq, Ragda Luftröhre. Ragda war ein Mädchen, dünn wie eine Feder und gepflegt wie eine Taube. Ihre Ärmel hatten andersfarbige Verlängerungsstücke. Infolge einer chronischen Mandelentzündung war ihre Stimme wie erstickt. Meist bekam sie Fieber und fehlte dann für ein oder zwei Tage in der Schule. Die Lehrerinnen behandelten sie freundlich und mit Mitgefühl, denn sie befriedigte ihre Einbildung, erfolgreiche Lehrerinnen zu sein. Ich versuchte, mich ihr anzunähern, fand sie aber wegen ihrer andauernden Schwermut und ihrem übertrieben guten Benehmen langweilig. Monatelang beachtete ich sie nicht, machte mich über ihre tote Klugheit lustig und zog die anderen faulen, sympathischen und geschwätzigen Mädchen vor. Einmal saß ich zufällig neben ihr. Sie legte sich die Hand auf die Stirn und sagte schlicht: »Ich habe Fieber, fühl mal!«

Als ich meine Hand ausstreckte, um ihre Stirn zu berühren, fühlte ich mich ihr nah und vergaß, daß ich sie als langweilig klassifiziert hatte. Etwas verlegen sagte ich: »Du hast Fieber, Ragda, warum?«

Schlicht antwortete sie: »Vom Ausbreiten des Teiges. Wenn ich aus der heißen Backstube hinausgehe, weht mir der Wind entgegen, dann entzündet sich mein Hals, und ich bekomme Fieber.«

Mitleidig fragte ich: »Bäckst du das Brot?«

»Ich knete auch den Teig.«

»Jeden Tag?«

»Jeden Tag.«

»Und deine Mutter?«

»Meine Mutter wäscht und kocht, und ich wische das Haus und backe das Brot. Meine Mutter wird jedes Jahr schwanger. Meine Mutter ist ausgelaugt, und ich bin ausgelaugt.«

Ich lief zum Chinarindenbaum, versteckte mich hinter seinem Stamm, erinnerte mich an den Papierschnipsel und weinte. Ich suchte sie, die mit den großen Augen, fand sie aber nicht. Ich wollte ihr etwas Wichtiges mitteilen, etwas, das mit der Luftröhre und dem Flugblatt zusammenhing. Da ich sie nicht fand, wurde ich noch nervöser. Am Abend demonstrierte ich meinen Vorrat an Schamlosigkeit und Gehässigkeiten, worauf mir meine Mutter den Kontakt mit den Niederen verbot. Ich schrie und weinte, fluchte und brüllte in der Gegend herum, schließlich sagte ich: »Wenn du doch Ragda al-Milaq kennen würdest!«

Meine Mutter starrte mich an: »Nimm sie, Herrgott, und erlöse mich von ihr!«

Offiziell war ich verrückt. Ich flüchtete mich zu meinen Farben. Man sagte, das Malen sei der wahre Grund meines Wahnsinns, und ich wurde noch verrückter nach dem Malen. Es überkamen mich die Gefühle, die Bilal hatte, als der Fels auf seiner Brust lag und er immer wiederholte: Einer! Einer! Ich sprach ihm nach: »Malen! Malen!« Mein Gefühl, einfältig und erhaben zu sein, verstärkte sich. Ich war von meinem Wahnsinn überzeugt, da ich oft hörte, wie sie ihn mir zuschrieben. Das Gefühl, unglücklich zu sein, und unfähig, die Rätsel zu lösen, nahm zu. Ich verharrte lange in diesem Zustand. Manchmal zeigten sie sich gefällig, meist aber wiesen sie mich zurück. Deswegen glaubten sie mir auch nicht, als ich, um meine Haut vor einer arrangierten Zufallsehe zu retten, sagte: »Er hat dies getan.«

Sie sagten: »Lügnerin, er tut so etwas nicht!«

»Er tat es.«

»Übertreib es nicht, ihm frißt die Katze das Abendbrot auf, aber du bist zäh, starrköpfig, flatterhaft, verrückt.«

Dieses Bild ging auf meinen Mann über, und er schlachtete es aus. Kein Wunder, daß er das Bild übernahm und vieles hinzufügte; darin war er erfinderisch. Ich schwieg, welkte und krümmte mich wie ein gelber Zweig. Von mir blieben nur zwei eingefallene, gespenstische Augen. In mir starb die Leidenschaft nach Farben, meine Seele stürzte hinab, und ich verlor meine scharfe Zunge. Ich schloß meinen Mund und senkte mein Kinn auf die Brust, bis ich den Märtyrertod starb. Mein Mann sagte: »Ich habe noch nie so etwas Idiotisches gesehen wie diese Gestalt!« Er kippte das Glas in einem Zug, rülpste und sagte: »Du sitzt da wie ein Korb, und dein Anblick verdirbt einem den Appetit. Du siehst aus wie ein Skelett. Wie soll ein Mann mit einem Skelett schlafen? Aber du stehst mir noch immer zur Verfügung, und der Prophet hat uns jeden Donnerstag und jeden Montag angeordnet. Was sagst du dazu? Lach, du Närrin. Lach, du Schwachsinnige. Bei Gott, noch nie habe ich eine so idiotische Frau gesehen wie diese. Sie lacht nicht, sie freut sich nicht und weiß nicht, was sie tut. Lach!«

Aber ich lachte nicht, sondern blieb stumm und betrachtete ihn mit aufgerissenen, gespenstischen Augen. Er bezeichnete mich als durchtrieben und machte sich selbst Vorwürfe, daß er mich all die Zeit behalten hatte. Was hast du schon für einen Nutzen? Es genüge nicht, daß ich eine halbe Frau sei, nein, ich sei überhaupt keine Frau. Es genüge nicht, daß ich zu nichts mehr tauge, weder für das Leben noch für das Bett. Wichtiger als beides war: Ein Baum, der keine Früchte trägt, wird gefällt. Bleich flüsterte ich: »Fälle mich, scheide dich!« Aber er war zu schwach, um es zu tun. Er fürchtete sich vor dem Alleinsein. Außerdem putzte ich das Haus und wusch die Kleidung, jeden Morgen. Und mein Haus strahlte wie Arabischer Jasmin.

Ich stand hinter dem elektrischen Gerät und fütterte es mit Wäsche. Der heiße Dampf stieg auf, die Scheiben beschlugen sich. Ich sah mein Bild im Spiegel, als ich ihn im Dampf rieb. Ein bleiches Gesicht, aus dem Frische und Lebhaftigkeit geflohen waren. Das Gesicht einer Frau, die zwanzig, nein, dreißig Jahre älter war als ich. Eingefallene Augen, umgeben von blauschwarzen Rändern, in denen der Glanz erloschen war. Nicht mehr die Ehe war das dunkle Gespenst, sondern das Leben als

Ganzes. Ein Leben ohne Zuneigung, ohne Gefühle und Begeisterung für etwas, das ich liebte oder das mich interessierte. Sogar die Fähigkeit, mich in Phantasien der Vergangenheit zu bewegen, war gelähmt. Ich habe das Gefühl, verzehrte Glut zu sein, von der nur noch die Asche übrig ist. Der Geschmack von Asche trocknet meinen Mund und stopft ihn mit Lehm. Ich fühle eine Hand, die mich am Hals packt, und eine andere, die nach meiner Lunge greift. Was ist das für ein Gefängnis? Was ist das für ein Leben? Keine Eltern, keinen Mann, keine Kinder, keine Bekannte und keine Freunde. Und du, Anbar, du fliehst durch das Fenster zu anderen Fenstern und siehst Menschen. Während ich mich mein Leben lang danach sehne, Menschen zu begegnen. Hier bin ich, mir dient der Geruch der Menschen als Ersatz für sie. Ich stieg auf das Dach, stellte mich hinter meine Wäsche und betrachtete die anderen Leinen, die Leinen der Nachbarn. Welcher Nachbarn? Ich weiß es nicht! Ein Gebäude mit zehn Stockwerken, aus dem der Lärm von Babys und Kindern und unterschiedlichsten Menschen unterschiedlichster Nationalitäten dröhnte. Ich war eine Insel in einem Meer von Menschen. Ich betrachtete die Leinen und erfuhr die Identität der anderen durch ihre Wäsche. In dieser Wohnung lebten sie zu fünft, Vater, Mutter, Schwiegermutter und zwei Kinder, und in dieser Wohnung lebten sie zu zweit, Braut und Bräutigam. In jener lebte eine ledige Ausländerin. Vielleicht war sie Sekretärin in einer der Erdölfirmen. Wäre ich so wie du, Anbar, dann könnte ich durch die Fenster der Leute zu ihnen gelangen.

Die Beobachtung und Überwachung der Wäsche wurden zu einer furchtbaren Angewohnheit. Anfänglich waren sie Ersatz für mein Bedürfnis nach Menschen, wurden dann aber zu einer Sucht, die der Krankheit ähnelt, das Privatleben der Menschen durch die Schlüssellöcher zu belauschen. Die Wäscheleinen waren die Löcher, durch die ich in die Wohnungen gelangte, sie auskundschaftete, ihre Mitglieder zählte, ihre Verhältnisse und sogar ihre Krankheitsfälle überwachte. Ich erinnerte mich daran, was ich einmal über Kranke gelesen hatte, die Kleider stehlen, um in ihrem Innersten verborgene Bedürfnisse zu befriedigen. Ich war überzeugt, daß ich zu einer von ihnen geworden war. Was ist auch der Unterschied? Er besteht im Inhalt, nicht in der Form, oder in der Form und nicht im Inhalt. Es gibt keinen Unterschied. Diese Menschen sehen im Leben keine lebendige Realität, die ihre Bedürfnisse befriedigt, und ich sehe im Leben keine Realität, die mein Bedürfnis nach Menschen und ihrer Freundschaft befriedigt. Deshalb nahm ich mir als Ersatz tote, leere Stoffe, die meine Phantasie mit Menschen füllte. Worin auch immer der Unterschied zwischen dir und den Kranken bestehen mag, Afaf, in der Form oder im Inhalt, du bist zu einer von ihnen geworden. Du bist krank.

Ich war davon überzeugt, daß ich psychisch krank war. Daß der Zustand der Isolation, in dem ich lebte, der Grund dafür war und daß in meinem Mann der Hauptgrund lag. Mein Groll gegen ihn wuchs. Und der Groll gegen mein Leben nahm zu. Für eine Weile verbot ich mir selbst, die Kleider zu beobachten. Doch kehrte ich dazu zurück, nachdem ich mir eine Rechtfertigung erdacht hatte, die so überzeugend war, daß sie einem die

Sprache verschlug. Ich sagte mir: Ich liebe die Menschen und sehne mich nach ihnen. Ich kann aber in meinem Gefängnis keinen Kontakt zu ihnen aufnehmen. Der Ausschluß von den Menschen schreibt mir deshalb vor, einen Ersatz zu finden. Da aber der Ersatz, dem ich verfallen bin, für die anderen harmlos ist, warum soll ich ihn dann nicht haben? So beobachtete ich weiter eifrig die Leinen, zählte die Wäschestücke und nahm an, daß meine Psyche krank sei. Ich bemitleidete sie mehr denn je. Bald hatte ich diese Gewohnheit satt und erinnerte mich des Malens. Malend suchte ich wieder Trost und die Gesichter von Menschen, aber ich fand keinen. Eines Tages überraschte mich ein Gedanke, der meine Qual verstärkte. Ich sagte mir: Die Menschen aus Stoff und Papier, das ist Lug und Trug, Afaf, Lug und Trug! Aber der Trug wurde so schrecklich, daß ich ihn verinnerlichte. Ich empörte mich und umarmte Anbar.

8

Je mehr mich die Leere umgab, desto unausgefüllter war ich. Mein Kopf drehte sich in einem Nadelöhr. Je mehr ich in meiner Abgeschiedenheit in den Tag hineinlebte, desto demütiger wurde ich. Die Demut zeigte sich in Form von Zufriedenheit. Ich war zufrieden und verlangte von Gott nur noch mehr Zufriedenheit. Die guten Eigenschaften meines Mannes traten zum Vorschein, und ich machte mir Vorwürfe, daß ich so kurzsichtig war. Brachte er etwas Neues für das Haus mit, pries ich Gott, daß er nicht geizig war. Ging er einige aufeinanderfolgende Nächte nicht aus, pries ich Gott, daß unser Leben heimisch geworden war. Befahl er mir, irgendeine blödsinnige Tätigkeit zu verrichten, pries ich Gott, daß er sich bei jeder Kleinigkeit auf mich verließ. Es vergingen Tage, in denen ich mich wohl fühlte und ausgeglichen war. Alle schlechten Erinnerungen erloschen und wurden zu einem Gespenst, das ich beharrlich und entschlossen vertrieb. Wann immer mein Mann seiner alten Gewohnheit verfiel, traf mich ein schwerer Schock, und ich machte mich für seinen Ausbruch verantwortlich. Ich sagte mir: Wärst du nicht unfruchtbar, Afaf, dann wäre das Haus voller Lärm, und die Kinder würden ihn an dich binden. Wärst du nicht kümmerlich, Afaf, dann würde er deiner langweiligen Gesellschaft nicht überdrüssig werden. Wärst du nicht abstoßend, Afaf, würde er sich nicht nach anderen Frauen sehnen. In einem verzweifelten Versuch wiedergutzumachen, was die Zeit zugrunde gerichtet hatte, verschönerte ich das Haus und mich selbst. Ich stellte das Haus auf den Kopf, putzte die Scheiben mit Schwamm und Seife, bis sie wie Diamanten glänzten, bearbeitete die Fliesen, bis sie wie Spiegel aussahen. In die Fenster und auf die Balkonbrüstung legte ich Steppdecken, Bettdecken, Schaumgummikissen und Baumwollkissen, seine Anzüge sonnte ich, bis Dampf aus ihnen aufstieg. Ich ging zum Markt und kaufte Fleisch und Gemüse ein, ich verstand es meisterhaft, die größten, glänzendsten, frischesten Stücke auszusuchen. Diese Gurken haben immer noch ihre vorspringenden Poren. Da sind Tomaten, deren eine Hälfte rot und deren andere noch grün ist, wunderbare Kartoffeln wie der Vollmond am Tag seiner Vervollkommnung und Okraschoten, Bohnen, Blumenkohl und Radieschen. Ich kehrte nach Hause zurück, stolz auf mein Gemüse und meinen Kühlschrank, der mit Gottesgaben gefüllt war. Ich pries Gott, weil ich das schönste Leben genoß.

Dann richtete ich mich her. Ich stellte mich vor den Spiegel und prüfte, was ich an Kleidern hatte. Dieses Kleid ist zu dunkel, ich werde es durch ein helles ersetzen, und dieses ist zu hell, ich werde es durch ein dunkles ersetzen. Dieses ist zu kurz, es muß unbedingt verlängert werden. Dieses ist zu lang, ich werde es durch ein kurzes ersetzen oder ein Stück davon abschneiden. Ich verbrachte Tage damit, zu verlängern, zu kürzen, einzukaufen und zu prüfen. Ich kundschaftete alle Schaufenster und alle Sonderangebote aus. Ich verpraßte all mein Geld. Sobald seine Augen abgeschwollen waren, nahm ich, bekleidet mit dem Besten, was ich hatte, und mit dürftiger Koketterie, die Gelegenheit wahr, ihm zu sagen: »Gib mir was, Mahmud, ich bin pleite!« Überschwenglich öffnete ich den Kühlschrank, breitete die Gottesgaben vor ihm aus und reihte die neuen Kleider auf dem Bett aneinander, bis das Bett verschwand. Freudig drehte ich mich im Kreis, daß er sich freue. Verärgert lächelte er und sagte: »Darin bist du geschickt!«

Begeistert sagte ich: »Woran fehlt es uns? Preise Gott, Mahmud, und sei nicht undankbar. Dein Haus ist sauberer und schöner als alle anderen Häuser, deine Frau kocht das leckerste Essen, und wir beide sind die besten Menschen überhaupt!«

Er steckte seine Hand in die Hosentasche, reichte mir die Zehner und murmelte: »Hier, nimm schon und sei still!«

Ich nahm und war still. Und die Stille wurde immer stiller, bis ich eines Tages explodierte. Ich weinte, beruhigte mich und kehrte zu meiner Gleichgültigkeit zurück. Ich verdorrte, der Kühlschrank verdorrte, und das Haus versank im Staub. Die Chamsin-Winde hoben an, die Scheiben wurden schmutzig und sahen aus wie Schmirgelpapier. Ich schlief viel. In der Finsternis der Nacht bat ich Gott, mir ein neues Licht zu schenken, das meine Dunkelheit vertreiben würde. Sei es auch nur für einige Tage, bis ich meinen Hunger soweit gestillt hätte, um den Weg durch die öde Wüste fortzusetzen. Gott erhörte mein Gebet. Die Situation verbesserte sich. Mein Mann lächelte, der Himmel öffnete sich, und die Nacht der Bestimmung brach an. Ich sehe das Licht, eine gewaltige sprudelnde Quelle. Ich trinke es mit der Gier einer in der Wüste Herumirrenden. Die Schlucke, die ich trinke, verleihen mir die Stärke, um in der sengenden Hitze größere Schritte zu machen. Als ich mich noch einmal auf den Boden werfe, leuchtet der Blitz eines anderen Lichts auf. Ich schöpfe noch einmal Kraft und mache größere Schritte und immer größere, ohne Ende.

Je tiefer ich mich auf die Reise begab, desto mehr entrückte die Möglichkeit einer Rückkehr zu dem Punkt, als ich noch ein junges Mädchen war, das mit Farben spielte, Flugblätter las und seine Eltern provozierte. Der Anfangspunkt vernebelte sich, entschwand und verlor sich in den Irrgärten der Erinnerung und wurde zu einem fernen Traum. Er war Traum und Illusion, nicht mehr. Als der Traum mich in seine Windungen zog, hielt ich mich zurück und tadelte mich selbst: Sei realistisch, Afaf, sei realistisch!

Wie oft hörte ich diese Worte von meinem Vater, Gott hab ihn selig. Ich hörte sie auch von meiner Mutter, immer wenn ich mich mit ihr traf und ihr mein Leid klagte. Auch die Frauen wiederholten sie während ihrer Sitzungen, bei denen sie sich um die Kaffeetassen versammelten, um aus ihnen zu lesen. Das Wort »Schicksal« war das einstimmige Ende eines harten gemeinsamen Liedes, das das schöne Geschlecht sang. Eine von ihnen begann in der vertrauten Runde ihre inneren Trümmer auszubreiten, den Inhalt ihres Herzens, ihr Innerstes, die Sammelmappe ihrer Traurigkeit, auszuschütten. Sie vergoß Tränen, rauchte und qualmte wie ein Schlot. Sie überschüttete ihren Mann mit einem Hagel von Schimpfwörtern, verfluchte und verwünschte ihn. Sobald jedoch seine Autohupe ertönte, sammelte sie sich, wischte sich das Gesicht, glättete das Haar und den Saum ihres Kleides, blickte in die aus Anteilnahme gesenkten Lider der anderen Frauen und flüsterte weise: »Unser Schicksal!« Das Wort raunte aus gierig rauchenden, trockenen Mündern und wogte wie das Echo des tausendstimmigen »Amen« in einem öffentlichen Gebet.

Am Anfang sagte ich nicht »Amen«, je tiefer ich mich aber in die Wüste der Einöde, des Durstes und der Finsternis begab, je mehr die Konturen des grünen Anfangspunktes aus meinem Gedächtnis schwanden, mehr Traum als Wirklichkeit waren, glaubte ich mich darin üben zu müssen, »realistisch« zu sein, also im Gegenteil dessen, was mir zugeschrieben wurde. Realistisch sein bedeutete, mit der Realität zufrieden zu sein, sich ihr anzupassen und sich ihr zu fügen. Es bedeutete auch, sich auf sie einzulassen und ihretwegen den Märtyrertod zu erleiden. Ich erinnerte mich wieder an die kleinen und großen Geschichten, die das Bild mit all seinen Dimensionen in mir verwurzelten. Ich hörte Frauen bei längst vergangenen Treffen ihren Männern Unglück, Krankheit und Tod wünschen. Geschah es aber, daß eine von ihnen geschieden wurde, verwitwete oder der Ehemann noch eine Frau heiratete, dann schrie und jammerte, weinte und wehklagte sie. Einmal hob ich den Telefonhörer, um einer von ihnen zur Scheidung zu gratulieren. Sie verfluchte mich und knallte den Hörer auf. Ich stand verstört da und glaubte nicht, was ich gehört hatte. Ich redete mir ein, mich in der Telefonnummer geirrt oder sie mißverstanden zu haben. Ich wählte von neuem, begann das Gespräch diesmal mit größerer Vorsicht, sie seufzte, dann explodierte sie: »Ich gratuliere dir von Herzen, Afaf, ich gratuliere dir zu deiner Enttäuschung. Seine Sorge soll ich los sein? Welche Erlösung, du Verrückte? Er läßt sich von mir scheiden, und ich soll erlöst sein? Und die Kinder, wer zieht sie groß? Ich oder er? Soll ich zum Gericht rennen, von ihm Lebensunterhaltskosten einfordern, ihn bitten, mir dieses oder jenes Kind für ein weiteres Jahr oder einen weiteren Monat zu lassen? Und wenn er uns vergißt, vergessen ihn dann die Kinder? Und wenn er sie nimmt und mir das Herz zerreißt, für wen soll ich dann leben und wo? Bei meinen Brüdern unter dem Pantoffel ihrer Frauen?«

Bei diesem Satz lichtete sich plötzlich der Nebel, der mich umgab, und ich stellte mir die gleiche Frage: Und du, Afaf, wenn du geschieden bist, wo wirst du dann leben? Unter dem Pantoffel der Frauen deiner Brüder?

Ich hatte stolze Brüder, die wußten, von wo aus und wie das Herz einer Frau zu zerhacken ist. Dennoch sind sie zu Recht angesehene Männer, auch wenn sie beim Tod meines Vaters sich gegenseitig die Erbschaft entrissen, noch bevor sein Totenbad erkaltet war. Sie ließen uns Töchtern von der Erbschaft nur den Familiennamen und die Würde der edlen Abstammung. Ich stachelte meine Schwestern an: »Und was ist mit unserem Anteil?« Sie wiederholten wie aus einem Mund: »Unser Anteil am Leben – Schicksal.« So hatte das Wort Schicksal mehr als nur eine Bedeutung, mehr als nur einen Tonfall und mehr als nur eine Belohnung. Seither lernte ich es mit größerem Glauben wiederholen und verstand seine tatsächliche Bedeutung mit ungetrübter Klarheit. Seither ließ mein Mann keine Gelegenheit aus, diese Geschichte zu erzählen, damit ich nicht mit meiner Familie, ihrem klangvollen Namen und mit meinem Vater, dem Inspektor, der alle an Wissen übertraf, prahlte. Bereits zu der Zeit, als der Fingerabdruck noch als Unterschrift galt, schrieb mein Vater Berichte und las im Wörterbuch. Er vertrieb sich die Zeit damit, das Wörterbuch zu wälzen, nach dem Ursprung der Verben, den Ableitungen und allen schwierigen Wörtern zu suchen. Mein Mann fühlte sich minderwertig, wenn mein Vater, besonders aber wenn sein Vater erwähnt wurde. Sein Vater war annähernd Analphabet, war mit zwei Frauen verheiratet und hatte ein Dutzend Kinder, von denen die meisten weiblich waren. Sie wurden mit Männern verheiratet, die weder Geld noch Rang hatten. Anders als meine Schwestern, die mit angesehenen Beamten verheiratet wurden, die in der Gesellschaft Macht und Mittel haben. Einer ist Unterstaatssekretär, einer Bankdirektor und der dritte Botschafter. Und von meinen Brüdern ist einer Arzt, einer Ingenieur und einer Anwalt. Für ihn war ich von edler Herkunft und vornehmer Abstammung. Dieses Privileg betrachtete mein Mann als meine bedeutendste Qualität. Als er von der Erbschaftsgeschichte hörte, geriet er außer sich und beschimpfte mich wegen meines Ursprungs. Mir blieb auf dieser Welt nichts mehr, dessen ich mich rühmen konnte. In einem verzweifelten Versuch, meinen Wert wiederzuerlangen, eilte ich in mein Land, überquerte die Brücke, den Fluß und die Wüsten und sagte zu meinen Schwestern: »Los, laßt uns gehen!«

Sie fragten: »Wohin?«

Beharrlich sagte ich: »Folgt mir, dann werdet ihr sehen.«

Sie folgten mir aus Neugier, vielleicht auch aus Herzensgüte. Wir fragten die Familienältesten um Rat. Sie ermahnten uns, darüber hinwegzusehen. Sie sagten: »Ihr solltet euch schämen! Jeder eurer Ehemänner ist nicht mit Gold aufzuwiegen.«

Ich widersprach: »Aber wenn wir geschieden werden oder...«

Wie aus einem Munde stießen sie, auch meine Schwestern, hervor: »O Gott, gib, daß dein Omen nicht eintrifft, gib, daß dein Omen nicht eintrifft!«

Die Ältesten schauten meine Schwestern an, meine Schwestern schauten sich gegenseitig an, endlich starrten alle mich an. Ich ahnte die Anklage: daß ich auch dann noch undankbar sei, wenn die Welt es gut mit mir meine, daß mir alle zehn Finger glühen und daß ich ja seit meiner Kindheit so sei. Ich fragte, was sie mit dem Wort »so« meinten. Sie blieben mir die Antwort schuldig, wandten sich meinen Schwestern zu und beachteten mich nicht. Meine Schwestern waren geistesgegenwärtiger als ich, fingen die Stimmung auf und deuteten an, in ihren Ausschnitt zu spucken: »O Gott, gib, daß ihr Omen nicht eintrifft!«

Wir verließen den Ort. Ich hatte eine Lektion über das »Schicksal« erhalten, daß ich sie auswendig konnte. Täglich wiederholte ich das Wort in meinem Gedächtnis, um es nicht zu vergessen. Ich begann jeden Tag mit dem Wort »Schicksal« und beendete ihn mit dem Wort »Schicksal«. Ich wiederholte es im Flüsterton, dann mit lauter Stimme, bis ich mit der Zeit fest an das Schicksal glaubte und nach seiner Weisheit handelte. Zufällig fiel mir ein politischer Aufsatz in die Hände, der einem die

Sprache verschlug. Ich sagte: Tatsächlich, ich bin eine von den Unterdrückenden, nicht von den Unterdrückten. So ist es um mich geschehen.

Eines Tages wurde ich durch einen Windstoß wachgerüttelt, ich schrie eine meiner Schwestern an.

Sie antwortete: »Wir sollten uns schämen, unsere Brüder zu beschränken. Die Söhne unseres Vaters haben eher Anspruch auf die Erbschaft als die Schwager und Fremden.«

Ich sagte: »Und was ist mit uns?«

»Wir sind die Ehefrauen der Fremden.«

»Und wenn sich die Fremden von uns scheiden lassen?«

Sie schrie: »Afaf, Afaf! Du gehst auf die Dreißig zu! Werd vernünftig, sei realistisch!«

Ich schrie zurück: »Meinst du denn, daß die Wahrscheinlichkeit so gering ist? Wer garantiert mir das?«

»Niemand garantiert dir das, nur du selbst. Versteh doch. Die Männer brauchen Geduld. Was soll ich dir sagen? Soll ich dir von seinen Plagen und seinem Kummer erzählen und dem Aufruhr, der wegen jeder Kleinigkeit entsteht? Aber man lebt, Gott sei Dank. Doch dein Mann, jawohl, der treibt sich nachts herum und tut, was ihm gefällt, und jeder weiß es. Was aber meinen Mann betrifft – wer es weiß, weiß es eben, und wer es nicht weiß, weiß es halt nicht!«

Ich klammerte mich an ihren Arm und flehte sie an: »Laß es mich wissen, laß es mich wissen.«

Sie schwieg plötzlich, denn sie merkte, daß sie sich verplappert hatte. Sie warf mir einen skeptischen Blick zu, und ich lachte schallend. Ich erinnerte mich, daß meine Mutter, meine Schwestern, meine Brüder und alle

Familienmitglieder mir niemals Geheimnisse anvertrauten. Sie warnten sich gegenseitig vor mir: »Sagt das nicht der Plapperliese!« Die Warnung war mir eine Einladung, meine Nase, die nach Geschichten dürstete, überall hineinzustecken. Ich schnüffelte und kundschaftete aus, ich las Sherlock Holmes und Arsène Lupin, die mich noch mehr anspornten, hinter die Geheimnisse zu kommen. Ich stellte mich auf einen Stuhl, ein Bett oder auf das Fensterbrett und schrie: »Ich habe es gefunden, ich habe es gefunden, o welch große Freude!«

Meine Mutter schrie dann: »Nimm sie, Herrgott, und erlöse mich von ihr!«

Ich sagte: »Wenn ihr mir vertrauen würdet, würde ich nichts verraten, aber jetzt werde ich alles verraten und es alle Welt wissen lassen!«

Aber ich ließ es nicht alle Welt wissen, ich war stets bereit, ein Bestechungsgeschenk anzunehmen. Ich tauschte Geheimnis gegen Geheimnis und Geschichte gegen Geschichte. Auf diese Art und Weise hatte sich meine Tasche mit Hunderten und Tausenden von Geschichten gefüllt.

Meine Schwester schaute mich skeptisch an, und ich deutete auf meine Nase und sagte: »Soll ich anfangen zu schnüffeln?«

Hoffnungslos sagte sie: »Sei mal ganz ruhig, du fehlst mir gerade noch! Glaube mir, Afaf, manche sind Walnüsse mit Schale, manche Walnüsse ohne Schale und manche eine Schlange im Stroh.«

Bestürzt schrie ich: »Verschone mich, Gott, verschone mich!«

Sie nahm den ironischen Unterton in meiner Antwort

wahr und schrie: »Bei Gott, wäre mein Mann wie deiner, dann hätte ich alles erreicht, was ich wünschte und wollte. Du aber bist ein Dummkopf, ein Dummkopf und sechzig Dummköpfe.«

Ich zwinkerte mit meinem Auge: »Durch Erpressung?«

Sie zuckte die Achseln und brummte im Gehen: »Erpressung oder auch nicht, was geht es uns an, wie es genannt wird?«

Ich stürzte mich auf sie, küßte sie und lachte. Anders als früher, als ich noch klein und unschuldig war und die Falschheit ernst nahm, lachte ich nun immer über die Reaktionen der anderen, die ihr wirkliches Innenleben offenlegten. Damals verlor ich den Verstand und schrie. Dann rief meine Mutter aus: »Nimm sie, Herrgott, und erlöse mich von ihr!« Als ich nun meine Schwester sah, wie sie die Auffassung offenlegte, die wir auf der Asphaltstraße des Lebens tranken, konnte ich es mir nicht verkneifen zu lachen. Ich lachte, bis meine Augen und mein Herz in Tränen ertranken.

So wurde ich realistischer. Ich dachte nicht mehr an die Scheidung als Lösung meines Problems. Die Scheidung jagte mir nun Angst ein, mit der nur meine Angst vor der Ehe selbst mithalten konnte. Was kann ich ohne die Ehe tun? Jahre meines Lebens sind verronnen, ohne daß ich einen Beruf erlernt habe, nur diesen. Und nicht einmal diesen Beruf beherrsche ich nach den Regeln einer erfolgreichen Ehe. Weder bin ich eine fruchtbare Frau noch eine gehorsame Dienerin, noch bin ich im Besitz von Schönheit, Geld und Koketterie. Außerdem bin ich unzufrieden und unglücklich. Ich bin weder glücklich mit meinem Elend noch mit den Erniedrigungen meines Ehemannes mir gegenüber, und wenn er nachdenkt, sich selbst gegenüber. Ich bin nicht glücklich mit meiner Gegenwart und nicht mit meiner Zukunft. Die Gegenwart ist die Fortsetzung der Vergangenheit und die Zukunft die Fortsetzung der Gegenwart. Vielleicht ist die Zukunft schlimmer als die Vergangenheit und die Gegenwart zusammen. Was würde ich tun, wenn ich geschieden würde? Wo würde ich leben und wie? Mein Vater ist gestorben, meine Mutter ist gealtert und lebt bei meinem ältesten Bruder. Dessen Frau ist des Gemütes meines Bruders wegen leicht erregbar und nervös. Die Gemüter meiner anderen Brüder sind in keinem besseren Zustand, auch die ihrer Ehefrauen nicht. Kurz, jeder hat seine Verantwortung und seine Last. Jeder hat auch seine tiefgründigen und klugen Ansichten über Dinge, die ich für albern halte. Ihre Ansichten über die Dinge sind fest und unerschütterlich, so daß sie sich keine Zeit nehmen, um über andere nachzudenken. Sah mich einer von ihnen mit einer Zeitung oder einem Buch in der Hand, lächelte er und kommentierte: »Die Philosophin geht, und die Philosophin kommt.«

Ich echote: »Der Fettwanst geht, und der Fettwanst kommt.« Ich sagte es mit unbewegten Lippen und mit meinen Augen. Da ihm die Sprache der Augen bekannt war und er sie verstand, ergab ein Wort das andere.

Von diesem Gespräch blieben mir realistische und unrealistische Sorgen. Realistische, weil ich wußte, daß die Scheidung keine Lösung bringen würde. Unrealistische, weil die Scheidung mich auch im Schlaf, in den Träumen und beim Morgengebet überkam. Realistische, weil ich das Haus strahlend wie Arabischen Jasmin hielt und ihm keinen Anlaß gab, eine endgültige Entscheidung zu treffen. Unrealistische, weil ich seinen Argwohn entkräftete und allein blieb. Aber ich war nicht allein, es gab Anbar, ein Spülbecken, Teller, das Küchenmesser und Wäscheleinen.

9

Deine Augen, Anbar, kennen kein Leid. Neid entflammt in mir, wenn ich in sie schaue. Ich sehe das grüne Schattenspiel und die olivfarbenen Flächen auf den Hügeln des Landes. Ich erinnere mich an die Frühlingssonne und die Sommerspaziergänge auf Pfaden, die aus den Strahlen der Träume gewebt waren. Ich liebe das Land, und ich liebe es nicht. Ihm blieb nur die Natur, das wilde Gras und der Schatten des Chinarindenbaumes. Er wogte, und ich wogte mit ihm auf dem Dach und verschlang die Spuren. Die Blechhütte eines Ziegelbrenners stand im Schatten eines Chinarindenbaums, und Ziegelsteine waren auf dem staubigen, verlassenen Platz ausgebreitet. Ich und der Pinsel, die Zweige der Bäume und der Hintergrund aus einem Tal, Bergen, Olivenbäumen und einem Himmel.

Ich eilte zu meinen Sachen, die hinter dem Schrank versteckt waren, holte meine Bilder hervor und betrachtete sie mit schwermütigem Herzen. Wie lange schon nahm ich den Pinsel nicht mehr in die Hand und erlebte den Zustand der Zurückgezogenheit und der Leidenschaft? Nicht einmal mehr die fruchtbaren, überschwenglichen, bunten und gespannten Gefühle befanden sich in meinem Herzen. Der Pinsel war kein Zauberstab mehr, der die Vorhänge der Versteinerung und der Trostlosigkeit zerriß. Wirklich, ich hatte mich versteinert. In der Vergangenheit liebte ich einen kleinen Jungen, der Lieder von Abd al-Halim summte. Ich behütete ihn, denn ich war einsam.

Lassen wir das, Anbar. Was vorbei ist, ist tot, und was bleibt, sind nichts als Erinnerungen, sind die Träume und der Sand der Fremde. Und du bist geblieben. Es genügt mir in der Welt, daß ein Teil von mir in dir bleibt.

Komm, meine Geliebte. Laß uns das Fenster öffnen, dies ist ein schöner Morgen. Du aber bist schöner als jeder Morgen. Siehst du? Die Zeichen des Sommers werden sichtbar. Der Baum der Nachbarn treibt aus. Er wird plötzlich wachsen und plötzlich sterben wie alles in diesem Land. Dieses Land hier kennt keinen Frühling. Würdest du doch den Frühling in meinem Land kennen, Anbar! Er ist etwas anderes. Dort gibt es Anemonen, Mohn, wilde Veilchen und Alpenveilchen. Es sind einfache Dinge, aber Welten. Ich schaue mir die Blume an, bis die Monde und deren Höfe hervorbrechen und das Raumschiff kommt und mich fortschafft. Ich fliege dann auf den Flügeln des Windes, steige hinauf und erklettere die Wellen des Donners. Das sind Welten, Anbar, Welten.

Am Eßtisch brach ich vollkommen zusammen. Ich sagte zu ihm: »Ich sehne mich nach meiner Mutter, ich sehne mich nach meiner Familie, den Menschen und sogar nach den Juden. Laß mich zurückgehen, sie besuchen, mich an ihnen satt sehen, bevor ich sterbe. Ich habe das Gefühl, daß ich sterben werde, bevor ich sie sehe.«

Er betrachtete meine Tränen, während er kaute, dann

lächelte er: »Du! Du willst sterben? Du bist zäher als ich und der Tod.«

Er scherzte über meine Tränen mit einem Regenschauer voller Spott und Hohn. Meine Tränen machten ihn glücklich, sie verliehen ihm das Gefühl, stark und männlich zu sein, sie erinnerten ihn daran, daß ich doch noch die Schwächere war. Er hatte ein tief verwurzeltes Gefühl, daß ich trotz meiner Schwäche überlegener war. Obwohl ich mich vollkommen auf ihn verließ. Obwohl ich bei jedem Happen, den ich aß, auf ihn angewiesen war. Obwohl ich unfruchtbar und ohne Kinder bin, die Grundlage meines Lebens. Obwohl ich wegen der Erbgeschichte und meiner stolzen Brüder arm bin. Obwohl ich kein islamisches Land ohne die Erlaubnis meines Vormunds verlassen darf. Obwohl ich keine Ahnung in bezug auf Reiseangelegenheiten, Ein- und Ausreisevisa, Tickets und den Umtausch von Währung hatte und obwohl ich ins Stottern geriet, sobald ein Polizist mir eine Frage stellte. Trotz allem war ich stärker. Das fühlte er. Es war das gleiche, was meine Eltern von Anfang an spürten, daß nämlich ich die Stärkere war. Denn ich stand in dem Ruf, ein wilder Vogel mit zwei Flügeln zu sein. Deshalb war es notwendig, mir die Flügel zu stutzen.

Ich weinte, flehte und schluchzte. Mein Zustand blendete ihn, und er erinnerte sich, daß ich die Schwächere und Niedere war, deshalb stieg er auf. Als seine Segel wieder erschlafften, versprach er mir entschieden: »Wir werden verreisen, aber unter einer Bedingung!«

Ich war bereit, jede Bedingung anzunehmen. Jede Bedingung dieser Welt hätte ich angenommen, um in mein Land zu gelangen, mich auf die Erde niederzuwerfen und zu beteuern, daß ich aus ihr und in ihr sei, und um den Geruch des Lehms zu riechen und mein Gesicht in den Schoß des Hügels zu graben. Im Schlaf träumte ich, mein Land sei meine Mutter und meine Mutter mein Land. Meine Wunden seien die Wunden meines Landes. Ich sehe mein Land, wie es mir beliebt, und es sieht mich, wie es ihm beliebt. Ich küsse die Schläge und leugne nicht das Recht, das meine Mutter über mich hat. Ich bin das Kind, und sie ist die Mutter, und wir sind aus einem Fleisch und Blut. Ich sagte, daß ich mich nach meiner Mutter und ihren Dingen sehne und daß ein Schlag von ihr mir eine Liebkosung wäre. Ich legte mir die Hand auf den Kopf, die sich leidenschaftlich und traurig als ein Psalm des Erbarmens eingrub. Aus der Tiefe meiner Gefühle und meines Rückenmarks schrie ich: »Erbarmen, Mutter, Erbarmen!«

Ich hörte sein Gebrüll: »Ist ja gut, wir verreisen ja, aber unter einer Bedingung.«

Die Bedingung war, daß ich in mein Land fahre und er nach Europa. Sofort sagte ich: »Ja, ist in Ordnung.«

Am nächsten Tag fiel mir ein, daß ich noch nie allein in ein Flugzeug gestiegen war, daß ich noch nie so große Entfernungen allein zurückgelegt hatte, daß ich noch nie etwas allein erledigt hatte und daß ich noch nie allein am Schalter, an dem die Reisepässe gestempelt werden, gestanden hatte. Noch schwerwiegender aber war, daß ich keinen Reisepaß besaß. Ich war immer eine Begleiterin. Ich war Ehefrau, die Ehefrau von soundso, Inhaber des Reisepasses und in gleicher Weise der Ehe. Vor der Ehe noch stand mein Name im Reisepaß meines Vaters, ein Name unter einer Schar von Namen. Ich bekam einen Schrecken. Ich fürchtete sogar meinen Entschluß und schämte mich für meine Angst. Es war eine Blamage.

Ich betrachtete meine ungewöhnlichen, wundertätigen Hände, dann schüttelte ich sie widerwillig. Wo bleibt das Wunder, du Dumme. Was nutzen die Farben, das Sticken und das Licht aus dem Badezimmer. Ich glaubte, Schätze zu besitzen, denn ich habe geschickte Hände, mit denen ich flickte, stopfte, Knoblauch klopfte und besser als jeder Handwerker Nägel einschlug. Was aber nutzen mir die Hände, wenn ein Polizist mich anhält und fragt: »Wo ist der Reisepaß? Wo ist dein Vormund?« Welches Trugbild nistet in diesem närrischen Kopf und malt herrliche Bilder von Händen, die keine erwähnenswerte Arbeit ausführen? Welch eine infernalische Frau, die sich vor dem Gedanken fürchtet, in einer Warteschlange von Reisenden zu stehen und in fremden Flughäfen anzukommen? Sogar der Gedanke, mit einer Stewardeß zusammenzutreffen, wurde zu einer Sache, der ich Bedeutung beimaß. Diese Frau ist es gewohnt zu reisen, mit Fremden zusammenzutreffen und mit Gesichtern, Flugkarten und Namenslisten umzugehen. Sie lächelt diesem und jenem zu, sagt danke und bitte in einem Tonfall, der jede Aufregung verbirgt.

Das Bild der Stewardeß zeigte sich in meiner Phantasie in einem herrlichen Rahmen, zu dem ich neidisch und mit Minderwertigkeitsgefühlen aufblickte. Ach, wäre ich doch Stewardeß oder Sekretärin, wäre ich doch Müllfrau oder irgendein Mensch, der einfach seine Arbeit macht.

Die Wünsche und die Versuche, fest entschlossen zu sein, nutzten nichts. Sie alle zerbrachen auf der Schwelle zum Unbekannten. Das Unbekannte erschien mir als dunkle Wellen, als felsige, versteinerte Gesichter und Männer mit khakifarbener Kleidung und Mützen und den Schritten von Weltallbewohnern. Ich bewegte mich von Szene zu Szene, von Phantasie zu Phantasie. Ich verlaufe mich in den Gängen und stoße mit einer steinharten Schulter zusammen, geschmückt mit Sternen und Militärabzeichen. Ich verliere mein Flugticket, der Koffer wird mir entrissen, ich renne hinter dem Dieb her und schreie um Hilfe. Die Menschen starren mich mit versteinerten Blicken an, sie helfen mir nicht, sondern klagen mich an. Ich verliere mich inmitten des Gedränges und sehe mein Flugzeug abheben, während ich immer noch mein Flugticket und meinen Koffer suche. Ich laufe auf das Flugfeld und sehe gewaltige Propeller, metallische Tanks und Motoren, die schwarzen Rauch ausstoßen und heulen. Wale öffnen ihre dunklen Mäuler, um mich zu verschlucken. Ich keuche, schwitze, zucke und schreie ins Heulen der Maschinen hinein, aber niemand hört mich. Ich laufe weiter, mein Haar fliegt, verschlingt sich ineinander und schwebt um mich herum und vor mir her. Es wird länger, verwickelt sich, verknotet sich, behindert mich, ich stürze.

Meine Knie zitterten hinter dem Spülbecken. Ich fiel beinahe hin. Anbar miaute zu meinen Füßen, ich warf mich auf den Boden, hielt mich an ihr fest und grub mein Gesicht in ihr Fell. Ich klammerte mich an sie wie eine Ertrinkende an einen Strohhalm. Ich warf mich in den Bereich des Irrealen. Die Bewegungen Anbars, ihre Blicke wurden bedeutungsvoll, zu Zeichen des Himmels, die mich vor dem Kommenden warnten. Matt rief ich: »Ich werde nicht verreisen, Anbar!«

10

Dennoch verreiste ich. Ich erfand alle möglichen Ausreden, um nicht verreisen zu müssen. Er merkte meiner Miene einen gewissen Ausdruck an, den er nur selten zu Gesicht bekam, dann nämlich, wenn wir Besuch hatten. Besonders aber, wenn ein Gast das Badezimmer benutzte. Er atmete tief ein wie jemand, der eine verblüffende Entdeckung macht: »Du hast Angst!« Er lachte schallend, schlug mit der Hand auf den Tisch und starrte mich an. Ich drehte mein Gesicht zur Seite, während er immer noch schallend lachte: »Du hast Angst? Du? O Gott, was bin ich doch blöd! Wie das?«

Seine Verwunderung erreichte ihren Höhepunkt, und er lachte verärgert, weil er bis zu diesem Zeitpunkt noch nicht bemerkt hatte, daß ich jemals vor irgend etwas Angst hatte. Vielleicht lachte er über das Bild, das er sich in seiner Phantasie von der infernalischen Frau ausgemalt hatte, die zu allem fähig ist. Ständig wiederholte er: »Wie? Wie?« Ich fügte jedem »Wie« den unausgesprochenen Satz hinzu: Wie ist es möglich, daß ich dies bis jetzt noch nicht entdeckt habe? Wie ist es möglich, daß sie sich davor fürchtet zu verreisen, wo sie sich doch vor nichts fürchtet? Wie ist das möglich? Diese Frau, die nicht krank wird, nicht verhungert, mag sie auch noch so lange fasten, und die nicht vor Einsamkeit und Langeweile erstickt, mag sie auch noch so isoliert sein, die unbesiegbar, unzerbrechlich und unbezwingbar ist. Plötzlich hörte er auf zu lachen und stichelte wieder: »Hast du Angst vor deiner oder vor meiner Reise?«

Ich antwortete ihm nicht, denn jede Antwort, die ich ihm gab, war für ihn unbedeutend, also blieb ich stumm. In solchen Situationen machte ihn mein Schweigen rasend und weckte seine Zerstörungswut. Er wußte auch, je mehr er darauf beharrte, das Verhör fortzusetzen, desto mehr hüllte ich mich in meinen Panzer, zog mich vor ihm in mein seelisches Versteck zurück und driftete ab, während ich mich noch immer am gleichen Platz befand. Sein Wissen darum machte ihn noch rasender, das Gefühl der Niederlage wuchs in ihm und verstärkte seinen Ärger. Für einige Minuten gewann er die Kontrolle über seine Nerven. Er versuchte alle Methoden des Einkreisens, des Angreifens, des Fliehens und des Taktierens. Doch darin war ich geschickter. Schon seit meiner Kindheit bin ich es ja gewohnt, die Rolle der Angeklagten zu spielen. Auch kannte ich diese Verhöre, und ich konnte die Szenen, die Bilder, die Worte und die Sätze so verbinden, daß mein Verhörer keine Gelegenheit hatte, auch nur durch einen einzigen Spalt zu mir vorzudringen. Ich hatte meine Selbstverteidigung so sehr geübt, daß ich zu einer Meisterin auf diesem Gebiet wurde. Sie warfen mir zuerst Verworfenheit und dann Schamlosigkeit vor, dann wieder Verworfenheit usw. Als Reaktion darauf beschimpfte ich sie, verworfen zu sein. Und wir waren Verworfene unter Verworfenen.

Er sagte scharf: »Du hast Angst, daß ich mich in Europa herumtreibe? Du hast Angst, daß ich deinen

Händen entrinne. Du möchtest mich in deinen Käfig sperren.«

Wie üblich sagte ich: »Das ist unmöglich, verstanden? Unmöglich!«

Wir kamen wieder auf die »Eifersucht«, sein Lieblingsthema, zu sprechen. Ich fürchtete mich davor, denn sie führten zu den immer gleichen Auseinandersetzungen.

»Bist du eifersüchtig?«

»Nein.«

»Du bist eifersüchtig.«

»Nein.«

»Du bist eifersüchtig, weil du kein Vertrauen hast.«

»...«

»Vielmehr hast du kein Vertrauen zu dir selbst.«

»...«

»Sag, ist es nicht so?«

»...«

»Du hast kein Vertrauen zu dir selbst, weil du nichts ohne mich kannst.«

»...«

»Und weil du unfruchtbar bist.«

»...«

»Deswegen bist du eifersüchtig.«

»Nein.«

»Sag die Wahrheit. Gib es doch zu.«

Als die Schlinge um meinen Hals enger wurde, schrie ich: »Ich bin nicht eifersüchtig auf dich, sondern neidisch auf dich, auf dich!«

Er brüllte mit bebender Stimme: »Wo sind deine Augen, verehrte Inspektorentochter! Das also habe ich von dir! Bei Gott, eine Erbschaft!«

Er leerte sein Glas in einem Zug und beendete die Szene mit klagender, weinerlicher Stimme: »Warum habe ich mich nicht gleich von ihr scheiden lassen? Warum lasse ich mich nicht von ihr scheiden, o Gott?«

Ich murmelte vor mich hin: »Weil mein Essen das leckerste Essen ist und mein Name der schönste Name und weil mein Haus ist wie mein Name, wie Arabischer Jasmin.«

Wir verreisten. Er hatte das Thema mit den Worten beendet: »Ich bin nicht der Sklave deiner Launen. Du wirst verreisen bedeutet, daß du verreisen wirst.«

Ich weinte auf dem Flughafen wegen der Trennung von Anbar. Ich hatte sie einer ausländischen Nachbarin anvertraut, die Katzen liebte. Sie hatte sie mir schnell entrissen, wie eine unfruchtbare Frau ein Kind an sich reißt. Ich hatte an ihrer Tür und sie meinetwegen geweint. Sie ähnelte mir sehr, weinte aus dem kleinsten Anlaß und neigte dazu, sich übermäßig an Dinge und Geschöpfe zu binden. Sie fragte mich nach meinem Land, ich beschrieb ihr das Paradies. Sie fragte mich nach meinen Eltern, ich beschrieb ihr die Engel der Gnade. Sie fragte mich nach meiner Identität, ich entnahm meiner Tasche einen neuen Reisepaß, der glänzte.

11

Ich lief zum Flugzeug und schaute mich um. Ich sah ihn mir zuwinken, während er aufmunternd lächelte. Mich bewegten gemischte, diffuse Gefühle. Ich war mit Bedacht glücklich. Mein Herz klopfte heimliche Schluchzer. Mein Kopf war berauscht, und ich sah die Menschen, Gebäude und Flugzeuge durch einen dünnen weißen Vorhang, so als gehörten sie in eine Welt, die mich nichts anging. Nicht einmal ich ging mich etwas an. Meine Beine liefen, als tauchten sie in Rauch. Meine Glieder waren schlaff, als wären sie mit Betäubungsmitteln durchtränkt. Die Angst verschwand, und an ihre Stelle traten eine philosophische Gleichgültigkeit, ein mystisches Schweben. Ich schaute noch einmal zurück. Zu seinem Kopf und seinen Gesichtszügen hatte ich jede Beziehung verloren. An seinen Anzug hatte ich mich gewöhnt, und seine äußere Erscheinung hatte sich in meine Vorstellung eingegraben und haftete in mir wie der Abdruck einer eisernen Hand. Ich fühlte keinen Haß. Ich hatte keine Angst. Ich hatte das Gefühl, er sei mein Verwandter, mit dem mich das Blut und der Ort verbinden, von dem mich aber Verständnis und Gefühl trennen. Ein Gefühl, das ich schon seit meiner Kindheit kannte und weswegen mir die Unterscheidung unmöglich war. Es war ein Gesicht unter vielen, die dem Auge nah, dem Herzen und dem Strahlen des Lächelns aber fern sind. Lachen ertönte ohne Echo. Wir vergossen Tränen ohne Sehnsucht. Ein Gefühl der Schwäche in der Brust und die Leere der Fremde ganz nah.

Ich setzte mich ins Flugzeug und legte den Gurt an. Die Stewardeß ging vorbei mit einem Lächeln, das wie ein erfolgversprechendes Plakat aufgeklebt war. Ich hatte das Gefühl, mein Sitz sinke. Ich schaute aus dem Fenster und sah ihn immer noch auf den Abflug warten. Ich fühlte so etwas wie Trauer und Dankbarkeit. Ängstlich fragte ich mich: Wenn ich ihn verliere, wer wird mich dann erwarten, mich begleiten und empfangen? Wer wird sich um mein Flugticket, den Reisepaß und die Ausreiseerlaubnis kümmern? Wer wechselt mir Geld, und wer gibt es mir? Mich überkamen Angst und Reue, und ich ermahnte mich selbst: Afaf, das ist kein schlechter Mann. Vielleicht ist sein Hauptproblem, daß er ohne Schale ist. Eine kluge Frau wie du sollte verstehen, vergleichen und ruhiger werden. Du könntest die Glücklichste sein, wenn du wolltest. Ich beschwöre dich bei Gott, sei realistisch. Gläubig nickte ich mit meinem Kopf und sagte: Doch, doch, ich werde es sein!

Als ich dieses Versprechen ablegte, wußte ich nicht, daß ich es brechen würde, bevor meine Füße wieder den Erdboden berührten. Ich nahm wahr, daß ich neben einer irischen Pianistin saß. Ich lächelte ihr zu, und sie lächelte mir zu. Ich sprach sie an und nutzte das Wissen, das mir in einer Fremdsprache zur Verfügung stand. Ich trat an sie heran mit der Sehnsucht eines Menschen, der, beraubt der Welt der Menschen, in die Welt zurückfindet, der er alle Sehnsucht nach einem Apfel entgegenbringt. Wer bist du, was machst du, wie hast du angefangen, wie hast du geheiratet, wie hast du dich scheiden lassen, und wie hast du von neuem begonnen? Eine Klavierspielerin? Ist das ein Beruf oder der Eintritt ins Paradies? Und die Flügel? Ja, ja! Ich jubelte übermütig wie ein kleines Mädchen, während ich ihr zuhörte. Ich kenne dieses Gefühl, ich habe es erlebt. Außer Atem erzählte, erklärte und erläuterte ich ihr. Sie war Jahre älter als ich, und ihre Erfahrungen erstreckten sich von einem Ozean zum anderen. Mit der Spontaneität einer zwanzig Jahre jüngeren Frau jubelte ich: »Ja, ja!«

Wir verstanden uns.

Sie sah mich ernst und nachdenklich blicken und klopfte mir lächelnd auf die Schulter: »Unsere Völker haben eine ähnliche Geschichte. Und wir beide sind uns ähnlich.«

Der Vergleich verwirrte mich. Stammelnd und stotternd legte ich eine Hand auf meine Brust: »Ich... ich... weiß nicht.«

Ich träumte wieder von den Flügeln, davon, zu fliegen und den Kokon zu öffnen. Ich sagte mir: Sein Hauptproblem ist, daß er ohne Schale ist, und dein Hauptproblem ist, eine Walnuß mit Schale zu sein. Es ist nicht schlimm, dies einzugestehen. Also los, gesteh es dir ein. Wie viele Verbrechen hast du begangen, wie viele Ehebrüche hast du dir gewünscht, wie viele Tücken hast du geschmiedet? Ich fordere dich heraus, die gleiche Afaf zu bleiben, wenn die Schale von dir abfällt. Du behältst ihn nur, damit der Kühlschrank ein Museum bleibt, damit du mit dem Flugzeug verreist und nicht mit dem Bus oder dem Taxi und Ringe mit Diamanten trägst.

Ich sagte zu ihr: »Hör meine Geschichte, so ist sie, was meinst du dazu?«

Sie machte Bemerkungen, die mich seltsam berührten. Ich stellte ihr naive Fragen, über die sie schallend lachte. Ich lächelte beschämt, sie aber klopfte mir wieder auf die Schulter und sagte: »Du mußt Bücher lesen.«

Ich sagte: »Ich habe Flugblätter gelesen, aber die nutzten mir nichts.«

Sie lachte so sehr, daß ihr die Augen tränten. Während wir uns dem Erdboden näherten, schrie sie im Brausen des Flugzeugs: »O wie ähnlich sich die Frauen doch sind!«

Sie verließ mich auf dem Flughafen, auf dem halben Weg meiner Reise, und ich hatte den Wunsch, allein zu starten. Sie hatte in mir ein Feuer entfacht, daß ich dachte, in mir sei die Hölle. Sie hatte mir Vertrauen in die Welt und das Leben gegeben. Sie hatte gesagt: Das Leben ist kein Zufall. Das Zentrum ist mein Kopf, ein Zentrum! Du, Afaf, bist eine Flamme, wo also ist das Licht? Das hatte sie gesagt, und mir war, als würde die Welt bersten. Sie hatte mir die schönsten Eigenschaften und die schönsten Worte geschenkt. Seit meiner Kindheit bin ich in die Worte verliebt und kehrte jetzt zu ihnen zurück. Ich erinnerte mich, daß ich niemals solche Ausdrücke gehört hatte. Nie hatte mir jemand schöne Worte geschenkt. Deshalb verlor ich den Verstand, als ich diese Lobrede hörte. Ich hörte sie, wie sie sich gegenseitig Bey, Efendi, Meister und Herr nannten, ohne daß ich Anteil daran gehabt hätte. So erwartete ich nicht, daß mich jemand Beyin, Efendin und Meisterin nannte.

Es ist wahr, ich wünschte mir, jemand würde mich Beyin nennen. Nicht, weil ich Gefallen an diesem bewundernswerten Titel fand, sondern um zu spüren, daß ich für meine Gesprächspartner von Bedeutung war. Ich erhielt nichts, weder den Titel noch die Bedeutung und nicht einmal ein Lachen. Alle traten mir mit ernster Miene entgegen. Mein Vater blickte ernst, um die Säulen seiner Würde zu festigen. Meine Mutter blickte ernst, damit ich nicht frech und noch unverschämter würde. Die Kollegen und Bekannten meines Vaters blickten in meiner Gegenwart ernst, als Zeichen ihres Respekts gegenüber der ehrbaren Dame Afaf, Tochter des Herrn Inspektors. Die Söhne der Bekannten blickten ernst, damit nicht gesagt würde, sie hätten geblinzelt, geglotzt oder wären in meiner Gegenwart unverfroren gewesen. Meine Lehrerinnen blickten ernst, damit ich nicht annahm, ich sei sympathisch und keß. Einmal hörte ich eine von ihnen heimlich »Sie ist keß!« sagen, was mich belebte und beschwingte. Ich fühlte meine Blutkörperchen regelrecht rollen und verlor an Gewicht. Ich wurde noch viel kesser, worauf sie mir ins Gesicht schrie und mich des Leichtsinns und der Arroganz anklagte. Meine Strahlen ver- blaßten, meine Sonne entfloh, und ich schlurfte wieder im Gefolge der ernst Blickenden. Ich folgte dem Zug und wurde wie die anderen, schwer.

Als die Irin mich zurückließ, erwachte ich mit pochendem Puls aus meinen Phantasien und sagte: Wehe dir, Afaf, wehe dir! Du bist eine undisziplinierte Frau! Nette Worte, die du von einer Vorüberziehenden hörst, rauben dir den Verstand und lassen dich glauben, das Leben sei angenehm und der Mensch sei Kraft. Was geschieht, wenn du dir die blauen Augen plötzlich in Erinnerung rufst und einer von ihnen »Afaf, ich liebe dich!« sagt?

Sie verließ mich auf dem Flughafen, auf halbem Weg meiner Reise, und ich hatte das Gefühl, weiter zu sinken. Ich suchte wieder den Trost, den ich all die Jahre kannte. Ich stellte mich vor die Schaufenster und betrachtete die Ware. Aber Geduld, ich hatte die Worte der Irin noch nicht vergessen. Sie hatte zwei Stunden lang mit mir gesprochen, und ich hatte bei ihr das Gefühl, ein Mensch zu sein und daß der Mensch Leben und das Leben kein Zufall sei. Sie sagte: Bücher lesen. Ich erinnerte mich an die Flugblätter, und sie sagte: Sogar die Flugblätter verändern sich. Ja, ja, sie verändern sich. Daran erinnerte ich mich sehr genau. Ich traf sie Jahre nach der Niederlage auf der Straße. Sofort erinnerte ich mich an ihre großen, grünen Augen, ihre Haut war dunkel und wirkte dennoch bleich. Ich stand auf dem Bürgersteig und winkte ihr, bevor sie verschwinden konnte. Ich erinnerte sie an die verbotenen Papiere und an den Chinarindenbaum.

»Nawal, du hast dich verändert!«

»Du hast dich auch verändert!«

»Und die verbotenen Papiere?«

»Die sind immer noch verboten. Komm, laß uns eine Tasse Kaffee trinken.«

Ich schaute mich um: »Nein, nein, mein Mann ist dort beim Wechsler und wechselt Geld.«

Sie schüttelte betrübt den Kopf: »Du bist immer noch dieselbe.«

Ich fühlte sofort den Stich, trotzdem küßte ich sie, bevor ich weiterging.

Hinter mir hörte ich eine Stimme, die sagte: »Meine schöne Dame, möchten Sie eine Tasse Kaffee?«

Verblüfft schaute ich mich um, es war ein fremder, gutaussehender Mann. Hinter meinen aufgerissenen Augen spielten verschiedene Gedanken. Seine Augen waren blau und bewundernd. Ich lief weg, um ihn nicht sagen zu hören: Afaf, ich liebe dich. Nach ein paar Schritten schaute ich mich um, er lächelte und schüttelte seinen Kopf. Ich ging zur nächsten Toilette, dort beglückwünschte ich mich dafür, daß ich Afaf war.

Ich setzte mich ins zweite Flugzeug, legte den Gurt an und war eingeschlafen, bevor das Flugzeug seine Räder einfuhr. Ich hörte ihn sagen: Meine schöne Dame. Ich öffnete meine Augen, doch die beiden Sitze neben mir waren leer, ich beglückwünschte mich zum zweiten Mal. Ich wiederholte die Worte der Irin. Wie sie geheiratet hatte, wie sie sich hatte scheiden lassen und wie sie von neuem begonnen hatte. Du bist eine Flamme, Afaf, wo ist das Licht? Nein, nein, Phantastereien, Phantastereien. Sie ist eine europäische Frau, die den praktischen Geist kennt. Ich aber fürchte mich vor der Stewardeß. Die meisten Stewardessen sind Europäerinnen. Ich dachte wieder an mein Land und den kommenden Flughafen. Zum ersten Mal werde ich allein in Amman sein. Welche Gelegenheit, Afaf, dich selbst kennenzulernen. Zuerst befiel mich einen Moment lang Angst, dann fühlte ich mich herausgefordert und mitgerissen. Entschlossen sagte ich: Ich werde den Moment nutzen, um alles zu vergessen, was geschehen ist und was kommen wird. Ich werde mit den schönsten Erinnerungen als Vorrat für das nächste Jahr zurückkehren. Ich werde meine Augen öffnen und die Dinge neu betrachten und werde behaupten, ich sei nicht mehr Afaf. Ich werde Lärm um mich verbreiten und vergessen, daß ich zu ihm zurückkehren werde. Ich werde mein Herz mit allen Bildern füllen und die Menschen ohne Wäscheleinen sehen. Ich werde sie sehen, die mit den großen Augen. Damals sagte ich ihr: »Wir haben uns zum Schlechten verändert, Nawal.«

Boshaft sagte sie: »Redest du von dir?«

Ich entgegnete ihr: »Und du?«

»Ich bin Teil eines Ganzen.«

»Und wo ist das Ganze?«

Sie deutete auf eine Gruppe von Männern, die mit ihren Füßen auf den Boden stampften. Ich überspielte meine Scham: »Ich hasse die Gewalt.«

»Haßt du sie, oder hast du keinen Mut dazu?«

»Wir hassen das, wovor wir Angst haben.«

»Und wir hassen, wem wir nicht gewachsen sind.«

»Und wir lieben, wem wir nicht gewachsen sind, erklär mir das.«

Sie schüttelte den Kopf: »Wann hörst du auf, herumzuphilosophieren?«

Ich lachte: »Ja, ich werde aufhören.« Aber ich hörte nicht auf.

Sie sagte: »Eine Tasse Kaffee? Komm, laß uns reden.«

Unruhig schaute ich mich um: »Nein, nein, Nawal. Mein Mann ist dort und wechselt Geld.«

Während sie mich küßte, sagte sie: »Beruhige mich, bist du glücklich?«

Ich blickte sie an. Aus meinen Augen flossen Tränen. Sie zog mich an der Hand und flüsterte: »Komm, besuche mich, dann unterhalten wir uns. Ich arbeite in dieser Bank. Wenn er es nicht merkt, komm bei mir vorbei.«

Ich stand steif mitten auf dem Bürgersteig. Sie kam zu mir zurück und fragte eindringlich: »Was ist mit dir?«

Ich schüttelte meinen Kopf und sagte: »Nichts, nichts.«

Ich stand an der Tür des Wechslers und wartete. Aber jetzt werde ich nicht warten. Ich werde allein hineingehen und Nawal besuchen. Und ich werde verbotene Papiere lesen. Sogar die Flugblätter verändern sich. Ich werde die Geschichte Irlands erfahren und mit einer neuen Geschichte zu Anbar zurückkehren.

Es war nicht leicht, den Entschluß zu fassen. Ein plötzlicher Ausbruch trieb mich zu diesem Gedanken, zu diesem Wunsch, dann die Schwäche, die Angst, die Unruhe, das erschütterte Vertrauen. Die Erfolgreichen sind immer unfaßbar, sie widersetzen sich der Realität, unserer Realität, ihrer Realität, der allgemeinen, der speziellen, jeder Realität. Und da wir realistische Frauen sind, laßt uns der Realität widersetzen. Was ist das? Eine Irin spricht, und Afaf fliegt! Und je mehr sich das Flugzeug vom Flughafen, auf halbem Weg meiner Reise, entfernte, desto mehr wandte ich mich ihm wieder zu. Meine Entschlossenheit ließ nach, meine Mattheit kehrte zurück, meine Seele stürzte hinab, und ich legte mich auf einen sumpfigen Boden. Der Schlaf war die leichteste und einfachste Therapie. Ich hatte mich so sehr daran gewöhnt, daß er wie auf Knopfdruck funktionierte. Drückte ich darauf, schaltete sich die Leinwand ein, drückte ich ein zweites Mal darauf, ging die Leinwand aus. Ich drückte auf den Knopf, das Panzerhemd öffnete sich, und ich versank in mein weit zurückliegendes Versteck. Dieses Mal träumte ich von meiner Mutter und dem Haus der Familie. Meine Brüder und Schwestern sitzen alle im Wohnzimmer um meine Mutter herum, wobei jeder von seiner Familie umgeben ist. Ehefrauen, Ehemänner, Kinder und Erinnerungsfotos. Vater und Mutter in der Mitte des Fotos, die Kinder zu beiden Seiten, über den Köpfen, auf den Schössen, überall. Von jedem Bruder und jeder Schwester gibt es ein Foto und ein Foto mit der entsprechenden Familie. Von mir jedoch gibt es kein Foto, weil ich keine Kinder habe. Meine Mutter ist im Vordergrund des Wohnzimmers, wie ich allein, obwohl sie eingekreist ist. Sie schaut mir in die Augen, weint und bewegt flüsternd ihre Lippen: »Von dir und mir gibt es keine Fotos.«

Ich antworte: »Aber du bist doch auf allen Fotos.«

Langsam schüttelt sie den Kopf und flüstert: »Meine Zeit ist abgelaufen, aber du bist noch jung, meine Herzensqual.«

Ich weine ein wenig, trockne meine Tränen und versuche zu lächeln. Ich sage: »Doch, ich habe Anbar, und meine Phantasie ist voller Bilder.«

Plötzlich schreit sie: »Afaf, sei realistisch!«

Die Bilder erzittern, die Menschenmenge löst sich auf, und nur Anbar bleibt.

Ich schaute aus dem Fenster und wischte mir die Tränen ab. »Alles verändert sich. Wir haben uns zum Schlechteren verändert.«

»Komm, laß uns eine Tasse Kaffee trinken!«

»Nein, nein. Mein Mann ist beim Wechsler und wechselt Geld.«

»Bist du glücklich, Afaf?« Meine Augen tränten. »Was ist mit morgen?«

»Zur Brücke und zur Erde meines Landes.«

»Wen wirst du grüßen, Afaf?«

Berauscht sagte ich: »Den Jasmin, die Abhänge des Morgens und die Milchverkäuferinnen.«

Sie lächelte. »Du warst bourgeois und bist es noch.«

Ich lachte, während mir die Tränen noch in den Augen standen. »Ist der Jasmin auch bourgeois?«

»Wieviel Jasmin gibt es in der Jasmingasse?«

»Und deine Bank, wieviel Jasmin hat die?«

»Deswegen träume ich nicht so wie du.«

Aber ich träume noch immer. Roter Sand, weiße Felsen, Brisen und ein blauer Himmel und die Erde meines Landes.

Und ich wiege die Erde meines Landes.

12

Sie streckte beide Hände aus und jubelte mit leiser Stimme und breitem Lächeln: »Afaf, gepriesen sei Gott, daß du gesund bist! Wann bist du gekommen? Kann ich dich zum Mittagessen überreden?«

»Ja.«

Sie wiederholte die Frage so, als wäre sie sich meiner Antwort nicht sicher.

Ich sagte noch einmal: »Ja.«

Langsam sagte sie: »Ich hatte es erwartet, aber es überrascht mich doch.«

Wir einigten uns auf Zeit und Ort.

Ich verließ die Bank, stieß mit den Schultern der Menschen und den Kommentaren der Männer zusammen, beinahe wäre ich gefallen. Ich kaufte mir Schuhe ohne Absatz und ein Buch, das ich mir unter den Arm klemmte. Ich stillte meinen Hunger nach einem anderen Äußeren, das zu etwas anderem führt. Dann übergab ich mich der Straße.

Die Stimmen der Verkäufer, die Schultern der Menschen, die Stiefel der besiegten Soldaten, Gummischuhe, ein Kind mit Anbars Apfel in der Hand, Schawarma-Spieße und Kibbeh, Pyramiden aus Süßspeisen, gewaltige Gebäude, die das enge Tal versperren. Riesige Menschenmengen drängten sich in Wadi as-Sair.

Die Plakate und Schaufenster zwangen mich zum Verweilen und auch die Bücher, die auf der Straße ausgelegt waren. Ich kaufte kleine Dinge, aß, lief und blieb stehen. Ich drehte mich, hüpfte und lief weiter. Die Straße leerte sich, der Verkehr ordnete sich, dann geriet er wieder in ein Durcheinander. Die Fremde hinter dem Spülbecken erschien mir entfernter als der Tod.

Als wäre ich hier geboren und aufgewachsen. Ein Straßenmädchen, egal, ein Straßenmädchen. Alle Schläge, die ich erfahren hatte, drängten meine Sehnsucht nicht zurück. Ich lache, soviel ich will, das war es, was ich fühlte. Ich sehnte mich nach dem Unbekannten und danach, Menschen, dem Verkehrslärm und dem Gefluche der Straße zu begegnen. Was weiß sie von unserer Welt? Und von den harten Tagen, die auf der Leiche meiner Geduld toben. Und von den Händen, die aus den Ärmeln der aufgehängten Hemden hängen und sich meinem Hals entgegenstrecken. Manchmal steigen Seile auf, die sich um meinen Hals legen. Manchmal rufen mich weiße Segel, damit ich durch den Schornstein der Küche steige und mit der Brieftaube in Gebetsrichtung fliege. Zu den blauen Gipfeln, die sich über den Leinwänden der fernen Erinnerung erheben, die zum Schweigen zwingt. Schweigen und Demut. Ich warte auf meine Freilassung. Ich sagte: »Das ist meine Geschichte.« Ich wischte mir über Stirn und Augen. »Ich hätte nicht geglaubt, solch eine traditionelle Geschichte zu haben.«

Sie schüttelte ihren Kopf: »Ich auch nicht, an dir war etwas Besonderes.« Ich schaute sie vorwurfsvoll an, sie aber hob ihre Hand und winkte ab: »Nein, nein, glaube mir, ich scherze nicht. Das ist ein Beweis dafür, daß der einzelne schwächer ist als der breite Strom. – Und was ist jetzt zu tun?«

Meine Augen blickten, eine Antwort erwartend, ins Leere. Ich flehte sie an: »Zeig es mir.«

Sie gab mir keine Antwort. Als ich zu ihr aufblickte, schaute sie aus dem Fenster.

Ich bat sie wieder: »Zeig es mir.«

Sie blieb regungslos und dachte nach. Dann flüsterte sie, als redete sie zu sich selbst: »Manchmal frage ich mich.«

»Du fragst dich?«

Sie winkte ab und legte ihre Hand wieder auf den Tisch: »Nein, nein, es sind nur Fragen, die ich mir selbst stelle. Wichtig ist deine Situation jetzt. Alles, was ich dir sagen kann, ist: Beginne von neuem.«

»Ich soll von neuem beginnen? Von wo? Wie? Ich habe kein Geld, und ich habe keinen Beruf. Ich weiß nichts. Ich kenne die Welt nicht. Ich kenne die Menschen nicht. Wie soll ich anfangen? Außerdem bin ich schon alt, Nawal. Ich kann keine Schläge mehr ertragen, ich habe Angst vor den Anstrengungen und der Krankheit. Ich habe Angst vor der Welt, ich habe Angst.«

Unser Gespräch dauerte Stunden. Wir saßen in einem kleinen Restaurant, das wie ein Minarett kleine gewundene Treppen hatte. Die höchste Stufe war eine hölzerne Fläche, so eng wie ein Schrank. Im Schrank gab es einige Tische und Stühle, Teller, Löffel und Essen zu einem annehmbaren Preis. Wir diskutierten, disputierten, debattierten, öffneten unsere Herzen, riefen uns die Erinnerungen zurück, weinten über die Zustände und kamen wieder zur eigentlichen Frage: wie ich von neuem beginnen soll. Sie gab mir Ratschläge, die vor Optimismus und Zuversicht nur so strotzten, ich aber war für beides nicht zu haben.

Sie sagte: »Fang mit irgend etwas an, lebe mit wenig Essen und wenig Kleidung.«

Ich sagte: »In Ordnung, wenig Kleidung und wenig Essen, das ist nicht das Problem, sondern wo und wie? Was soll ich arbeiten? In welchem Beruf?«

»Krankenschwester?«

»Nein.«

»Kellnerin?«

»Nein.«

»Näherin?«

»Ich kann sticken und stopfen, aber nicht nähen.«

»Sekretärin?«

»Ich kann nicht auf der Maschine schreiben.«

Zurückhaltend fügte ich hinzu: »Was meinst du zu einem Frisiersalon?«

Sie sah mich scharf an, deshalb versuchte ich mich genauer auszudrücken: »Als Bedienstete in einem Frisiersalon.«

Bitter murmelte sie: »Welche Ironie! Um sich von ihrer Bourgeoisie zu befreien, will sie die Frauen der Bourgeoisie bedienen.«

Ich schüttelte meine Hand, paffte an der Zigarette und flüsterte: »Und wen bedienst du?«

Wieder sah sie mich scharf an, wir wechselten stechende Blicke und brachen in solch ein Lachen aus, daß uns die Augen tränten.

Schließlich schrie ich: »Ich habe es gefunden, ich habe es gefunden, ich werde als Dienstmädchen arbeiten.« Und um sie zu ärgern, flüsterte ich: »Dienen über Dienen, warum bediene ich nicht meinen Mann und bleibe die Hausfrau Afaf!«

Sie ließ einen Hagel spöttischer Beschuldigungen auf mich niederprasseln, die ich ihr um ein Vielfaches heimzahlte.

Ich stellte mich dumm und fragte sie: »Was ist nicht mehr wert als eine Zwiebel?«

Wir lachten, und wir fühlten uns so jung wie zur Schulzeit. Seit ich Nawal kenne, wurde ich zum ersten Mal gewahr, daß sie auch lachen kann, wenn sie Kummer und Schmerz hat. Wir lachten viel, obwohl sie mir viele ernste Dinge zu erklären versuchte. Ich fühlte mich ihr näher als je zuvor, auch wenn wir uns in all den vergangenen Jahren voneinander entfernt hatten. Ihre Erklärungen fand ich logisch und überzeugend. Ich fragte weiter: »Und jetzt, was soll ich machen? Der Strom hat mich mit sich gerissen, das ist klar, aber wie kann ich von neuem beginnen? Werde ich glücklicher sein, oder ist es nur Unsinn?«

Für einen Augenblick sah ich auf Nawals Stirn einen Anflug von Verwirrung, wie das Aufleuchten eines Blitzes in einem Fenster. In mir wuchs ein gemischtes Gefühl von Unfähigkeit und Neugier. Ich begann Netze zu spinnen und Köder auszuwerfen, um etwas zu fangen. Sie aber war klüger und durchtriebener, als ich erwartet hatte. Ich platzte vor Lachen und gestand es ihr ein: »Nawal, du bist sehr geschickt darin, Umwege und Ausflüchte zu finden. Stell dir vor, die Unfähigkeit meines Mannes, auf dieser Ebene mit mir Schritt zu halten, ließ mich glauben, ich sei stärker und tüchtiger.«

Sie lächelte mir freundlich und sanft zu, und ich fühlte eine Zärtlichkeit, die ich in meinem Leben nur zweimal empfunden hatte: dem blöden Jungen und Anbar gegenüber. Ich versuchte es ihr zu erklären.

Schließlich sagte sie: »Hast du vergessen, daß auch ich eine Frau bin und folglich in Zweifel gezogen werde?«

Ich war fassungslos: »Sicher, mein Gott, sicher!«

Wir überlegten und zerbrachen uns die Köpfe auf der Suche nach einer Lösung. Aber immer stießen wir an einem gewissen Punkt zusammen. Wenn sie großspurige Parolen von sich gab, geriet ich außer mir und wurde laut. Der Kellner eilte herbei und machte wieder kehrt, so daß das Geschirr auf dem Tablett klapperte, und die Kunden blickten vorwurfsvoll zu uns hinüber. Ich erinnerte mich an die Irin und erzählte Nawal, wie ich sie getroffen, wie wir uns gegenseitig verstanden und sie mit mir wie mit einer Gleichgestellten gesprochen hatte, mir auf die Schulter klopfte und sagte: »Unsere beiden Völker haben eine ähnliche Geschichte, und wir beide sind uns ähnlich.« Ich blickte auf meinen vollen Teller und flüsterte zaghaft: »Was ist die Geschichte Irlands?« Sie stieß einen Seufzer aus, und sofort eilte der Kellner zu uns.

Meine Freundin erzählte mir die Geschichte Irlands. Ich verfluchte Irland. Ich sagte: »Das Leid Palästinas genügt mir, nein, ich habe sogar das Leid Palästinas satt. Ich kann nichts ausrichten, Nawal. Mein Kopf ist klein, mein Herz ist klein, ich bin selbstsüchtig, egoistisch, flatterhaft, sag, was du willst. Ich habe keine Zeit, um darüber nachzudenken. Sei umsichtig mit mir, damit ich mit anderen umsichtig sein kann. Wie kann ich mich um Palästina sorgen, wenn ich nicht verschont werde? Bei Gott, ich weiß nicht mehr, wo mir der Kopf steht! Sag mir, was ich tun soll!«

Nach allem Hinundherreden und allen Überlegungen fand ich, daß die einfachste Lösung war, dort zu bleiben, wo ich war. Dort hatte ich wenigstens eine Arbeit, eine Arbeit, die meine gesamte Energie in Anspruch nahm. Dort kochte ich tatsächlich, wusch, hängte Wäsche auf, wischte, wusch ab und ertrug die Gemeinheiten meines Mannes, wenn er vom Whisky schwerfällig wurde. Ich schwörte bei Gott, daß er beim Zahlen niemals nachlässig gewesen war und daß der Kühlschrank immer mit Gottesgaben und Wohlstand überladen war. Verärgert warf sie mir scharfe Blicke zu und bezeichnete mich als »Defätistin«.

Wir stritten und vertrugen uns wieder. Nach der Versöhnung und dem Waffenstillstand ließ ich mir in allen Einzelheiten die Geschichten der Völker erzählen, die sich über ihre Situation empörten, die Waffen in die Hand nahmen und sich ihre Unabhängigkeit erkämpften. Vietnam, Kuba, Indien, as-Sind, der glückliche Jemen, und heute ist Palästina an der Reihe. Zu guter Letzt fragte ich sie: »Und wann ist Afaf an der Reihe?«

Sie sagte: »Afaf ist Teil der Revolution der palästinensischen Frauen, und die Revolution der palästinensischen Frauen ist Teil der palästinensischen Revolution, und die palästinensische Revolution ist Teil der internationalen Revolution!«

Sofort verspürte ich ein großes Verlangen nach meinem Mann und weinte aus Sehnsucht nach ihm.

Am Ende unseres Treffens waren wir zu zwei Dingen

gelangt. Erstens: Die Revolution der Frauen ist für die Verwirklichung der gesamten Revolution unumgänglich. Zweitens: Die Revolutionäre müssen die Frauen revolutionieren.

Ich hatte so viel Neues aufgenommen, daß ich mit bebender Stimme fragte: »Und wie revolutionieren sie die Frauen? Sagen sie zu ihnen: Revoltiert, revoltiert?« Sie antwortete mir nicht, starrte mich nur an. Schließlich gestanden wir uns beide ein, daß das Problem zwar einfach ist, daß es aber an einem Strohhalm hängt, und nach dem Strohhalm greifen bedeutet, eine Arbeit zu finden. Ich versprach ihr, daß ich irgendwie nach irgendeiner Arbeit suchen würde, während ich sie vor den Kunden küßte, deren Gesichter sich nun zufrieden zeigten. Ich lief durch die Straßen, sah weder das Licht, noch hörte ich das Hupen der Autos. Ich spürte weder die Anwesenheit der Menschen, noch wußte ich meinen Namen. Später aber erinnerte ich mich wieder meines Namens Afaf und daß ich in einem Hotelzimmer wohnte, im Salon unter Fremden saß, Bier trank und auf dem Weg zur Revolution und der Erde meines Landes war. Doch war die Brücke geschlossen.

13

Amman, du Gefängnis der Armen. Ich gehe verloren in den Straßen des Elends, die über das andere Gesicht gezogen sind. Wo ist das Glück? In dem anderen Gesicht Ammans. Ich verweilte und beobachtete Amman, die Stadt ist nicht für mich. Eine Leere, die jede andere Leere überstieg. Ich hörte eine Stille und sehnte mich nach den Melodien der Waschmaschine und dem Miauen Anbars.

Am Abend klopfte ich an die Tür meiner Freundin Nawal. Ich warf mich auf das Sofa, das einzige in dem einen Zimmer. Stumm betrachtete ich ihre Wohnung, ihre Umgebung, ihre Bücher und die kleine Statue eines großen Mannes mit Vollbart und Glatze. Eine Tür führte zur Küche, eine Tür zum Badezimmer und eine andere zu einem Raum, in dem ein Bett und ein Schrank standen. Von dort, wo ich saß, konnte ich durch das Fenster die Menschen auf den Balkonen sehen, und sie konnten mich sehen. Es war ein riesiges Gebäude, das unmöglich weniger als eine Million Menschen aufnahm und das Nawals Ausblick nach Osten versperrte.

Ich sagte: »Dein Ausblick nach Osten ist versperrt.«

Lächelnd ergänzte sie, wobei sie etwas verstand, was ich nicht gemeint hatte: »Und auch nach Westen.«

Die Abendlichter beleuchteten die Menschen auf den Balkonen. Umm Kulthums Stimme wie von einem Minarett. Ein anderes Minarett mit den Stimmen Bahias und Muhammad Tahas und Minarette von Fernsehern, die die Nachrichtensendung wie aus einem Munde verlasen.

Ich fragte: »Bekommst du davon keine Kopfschmerzen?«

Sie lächelte. »Manchmal.«

Ich verglich meine mit ihrer Umgebung, meine mit ihrer Einsamkeit, meine mit ihren Nachbarn. Ich schätzte sie sehr glücklich. Ich sagte: »Hör zu, Nawal. Die Sache ist nicht so einfach. Was mir in dieser Welt helfen könnte, ist mein Abitur. Was soll ich aber mit diesem Abitur, dieser Kostbarkeit, machen? Damit kann ich höchstens eine Arbeit bei einem Händler auf dem Markt mitten in der Stadt finden. Und wieviel Dinar werde ich verdienen? Das reicht nicht einmal für die notwendigsten Dinge im Haushalt, Wasser, Strom, Brot, Käse und Tee. Sogar weniger als das, Nawal? Soll ich nur Brot, Käse und Tee zu mir nehmen? Rechne die Kosten für eine Mahlzeit aus. Ein Zimmer wie dieses ist für mich ein Schloß. Erzähl mir nichts. Sag nicht Bourgeois oder etwas anderes. Ich bin es leid, ich habe es satt, mein Leben ist verflucht. Gib mir eine Lösung oder Hoffnung auf eine Lösung. Ja, ja, ich weiß ja. Die Lösung fällt mir nicht vom Himmel wie Manna und Wachteln. Ich weiß! Aber der Anfang des Weges, wo ist er? Leben bedeutet Konsum. Ich bin auch eine Konsumentin. Hast du verstanden? Fleisch, Gemüse, Obst, ein Kleid und Unterwäsche. Schau nicht so ernst. Sei realistisch!«

Ich lachte schallend, bis ich in Tränen ausbrach, und Nawal weinte auch. Von den kleinen Balkonen starrten Hunderttausende von Augen in Nawals Zimmer, und ich fühlte mich wie auf einer Kinoleinwand. Es waren Augen, aber was für Augen. Sie starrten, beobachteten und beleuchteten uns unverfroren. O Nawal, Nawal. Wie kannst du inmitten dieser Lichtfluten leben? Bist du auch eine Gefangene? Zählen sie nicht deine Schritte, deine Atemzüge und dein Geflüster? Schau, wie sie glotzen! Kannst du dich in deinem Zimmer frei bewegen? Ach ja, natürlich, du ziehst die Vorhänge zu. Und wenn ein Freund oder Verwandter zu Besuch kommt? Es kommt kein Freund oder Verwandter zu Besuch. Wo aber triffst du ihn? In einem abgeschiedenen Café einer prächtigen Straße, wo das andere Gesicht Ammans an zweifelhafte Beziehungen gewöhnt ist. Alle Beziehungen sind zweifelhaft, sogar die reinen. Und alle enden da, wo sie begonnen haben, an einem abgeschiedenen Ort in dem anderen Gesicht Ammans. Natürlich, die Menschen hier haben auch Beziehungen. Sag nichts, ich verstehe, ja, ich verstehe, aber wie? Versteckt und unter den Schwingen der Nacht. Der Papierschnipsel und »Ich liebe dich«, wo beginnt das? Wo es auch endet. Und das Ende? Die Geschichten der ägyptischen Filme, ein Mädchen, das einen anderen Mann heiratet. Lieder der Sehnsucht und Abd al-Halim. Sei still, sag kein Wort. Soll ich dir von den Hinweisschildern der Veränderung erzählen? Ich bin unfruchtbar und du ebenso. Keinen Mann, keinen Ehemann, kein richtiges Zuhause und keine Kinder. Nawal weinte, und ich weinte, und wir weinten zusammen, und die Leute starrten unverfroren und mit provozierenden Blicken.

Ich esse von deinen Vorräten, meine Freundin. Du bist wunderbar, Nawal, trotz deiner Unerfahrenheit. Du hast einen reinen Duft, nach dem ich mich sehne. Deine Unfruchtbarkeit hat einen Duft, der nicht zu bestechen ist. Ich verstehe, doch, ich verstehe, glaube mir, ich sehne mich nach einem Zimmer wie diesem, einem Teller Hummus, einem Brotfladen, geröstet auf einer Gasflamme. Vergangen sind die Tage des Ofens und der Geschichten der Großmutter. Wir waren klein, Nawal. Ich spreche klar und ehrlich zu dir. Es ist wahr, wenn ich sage, daß ich mich nach den Tagen meiner Großmutter, den Geschichten am Ofen und der Wärme sehne, die erfüllt war mit dem Duft von gebratenem Käse und verbotenem Tee. Nawal, ich liebe das Verbotene, und du? Los, lach doch, Nawal, machst du nur noch ein ernstes Gesicht, Weib? Du bist ein Weib, weißt du das nicht! Und ich bin ein Weib, alle sind wir Weiber, die sich vor dem Wort »dreckig« fürchten. Ich habe in Amman lange nach einer Arbeit und einer sauberen Lösung gesucht. Abitur, Gott, verzeih meine Worte in deiner Gegenwart. Ich bin dort in einem prächtigen Hotel. Du weißt das. Und du rufst nicht an. Ich kann nur vermuten. Ich weiß, ich trank Whisky und sagte: »Nach mir die Sintflut« und »Es lebe Palästina«. Immer und ewig, glaube mir, Nawal. In meinem Herzen ist eine Liebe, die gefangen ist wie Gas. Ich liebe die Menschen, selbst die Blicke, die von den Balkonen starren. Ich liebe die Natur und die Erde meines Landes. Aber ich bin eine große Konsumentin, und ich fürchte mich vor dem Bürgersteig und der Frau, die um das Geld Gottes bettelt. Frauen, die in Mäntel gehüllt sind und deren Gesichter verschleiert sind. Sogar sie bringen mich durcheinander, erklär mir das, Nawal. Frauen, die wie in einer Herde laufen, einige halbnackt, die anderen verhüllt. Erklär mir das, Nawal. Die Erklärungen dauern lange, die öffentlichen Schmähungen halten an, und der Abend wird lang. Du und ich, Nawal, essen Hummus und weinen in Gegenwart der Augen von den Balkonen. Und morgen breitet sich eine Geschichte aus vom ersten Bewohner dieses Millionengebäudes bis zum letzten Einwohner dieses Landes. In der Fremde habe ich viel gelesen. Ich habe meinen Kopf mit Tausenden von Geschichten vollgestopft. Und mein Mann füllte ihn mit weiteren tausend, und auch meine Mutter und die Nachbarinnen und die Geschichten Anbars. Anbar ist schwanger, mach dich nicht lustig, du weißt gar nichts. Anbar ist ihrer Veranlagung nach eine Frau. Von ihr lernte ich die Liebe ohne Tragödie kennen. Mit der Tragödie verbindet mich eine Geschichte. Erinnerst du dich an den blöden Jungen, die Jugendbilder und meine überraschende Hochzeit? Ich war bourgeois und bin es noch, und deswegen habe ich gelernt, die Buchstaben auseinanderzunehmen und eine Geschichte zu lesen. Meinst du, daß die Bäuerin revolutionär ist und die Arbeiterin nicht jeden Abend verprügelt wird? Meinst du, daß der Bauer nicht seine Schwester schlachtet und der Arbeiter nicht seine Tochter erwürgt, die Ehebruch begangen hat? Ja, wir ändern die Verhältnisse nicht im Nu. Aber du triffst dich mit einem Freund oder einem Verwandten in einem abgeschiedenen Café in dem anderen Gesicht Ammans. Und du sagst, das sei kein Widerspruch? Die Bourgeoisie ist uns gegenüber gnädig und zertritt uns. Der Arbeiter zertritt uns, ohne uns gnädig zu sein. Das ist das Wesentlichste. Ich war bourgeois und bin es noch, aber ich wohne in einem wohlriechenden Hotel mit Klimaanlage, und eine Touristin erzählt von den Ruinen von Dscharasch. Hörst du? Die Ruinen von Dscharasch. Sei still, sag kein Wort. Auf dem Weg zur Revolution, aber wie? Ich sehe die Welt durch ein Nadelöhr, die anderen sehen sie im Nadelstich, und ich sehe sie von beiden Seiten.

14

Als wir uns begegneten, war es Abend. Ich sah ihn plötzlich vor mir. Ich war nicht überrascht. Ich fühlte gar nichts. Mein Docht war erloschen. Der großen Welt entrückt, blickte ich aus einem kleinen Fenster, durch das ich die ersten Lichter zu sehen versuchte. Ich redete mit mir selbst: Das Leben ist kein Zufall, die Träume, die Farben und die Gefühle des Herzens brachten mir nichts als Ärger ein. Um mir meinen Weg zu bahnen, muß ich die Liebe, die mir angeboren ist, vergessen und ausharren. Auszuharren bedeutet, daß ich mir ein genaues Programm festlegen muß, das einen Anfang, einen gewissen Umfang und ein Ziel hat, von dem ich nicht abweiche.

Mit der gleichen Ruhe und Neugier, dem gleichen schweifenden Blick, mit dem ich seine fesselnden Bilder betrachtet hatte, schaute ich auch jetzt, um mehr zu erfahren. Ich sah Tränen in seinen Augen, in deren Tiefen sich das menschliche Leid und der Schmerz der Zeit regten. Ich fragte ihn nach sich, und er fragte mich nach mir. Er öffnete und breitete sich vor mir aus wie ein ausgerollter Teppich. Ich lief, ohne Schuld oder Erwartungen zu empfinden. Ich wünschte mir nichts sehnlicher, als genau zu schauen und zu betrachten. Ich erzählte ihm, daß ich verheiratet und unglücklich sei. Er sagte, daß auch er verheiratet und unglücklich sei. Ich ließ mich nicht weiter aus, doch gab er mir all seine Freundschaft, die Erinnerung und den Schmerz der verlorenen Wünsche wieder.

Gemeinsam streiften wir in den kalten, gläsernen Vorhallen herum, ohne die Kälte zu spüren. Wir stellten uns vor Bilder, die uns an unser Jugendhobby erinnerten, an weit Zurückliegendes, an zwei in einer tiefdunklen Welt herumirrende Seelen. Er rief mich bei meinem Namen, wie er es vor langer Zeit getan hatte. Ich hatte das Gefühl, zu meinem früheren unbeschwerten Selbst zurückzukehren. Ich stöhnte still. Und jedes Wort, jede Geste und jeder Blick rief und brachte mich in die Vergangenheit zurück, so daß ich mit ihr verschmolz. Die Vergangenheit wurde Wirklichkeit und die Gegenwart ein alptraumartiger Übergang, den ich mit dem sicheren Wissen durchlief, daß er unbedingt zu Ende gehen wird. Aber es war mir nicht möglich, die intuitive Empfindung zu deuten, die mich vor den Gefahren dieser Begegnung warnte. Ich war die Kleine mit den großen Träumen, die Kleine der Farben und des Aufbegehrens. Und er war mein kleiner Freund mit der schüchternen Stimme, dem traurigen Blick und den zärtlichen Papierschnipseln, die der Grund dafür waren, was mit mir geschah. Aber er war frei von Schuld, und ich war unschuldig, und deswegen offenbarten wir uns gegenseitig unsere geheimen Gefühle und Gedanken, ohne Schuld zu empfinden.

Er war kein Künstler mehr. Ein Künstler des Herzens und des Gefühls. Der Beruf jedoch ist etwas anderes. Ich war auch keine Künstlerin mehr, hatte keinen Beruf und keine großen Träume, nicht einmal mehr kleine. Alles, wonach ich strebte, war, mich selbst wiederzufinden, meine Selbstachtung wiederzuerlangen, einen Kampf mit einem bestimmten Ziel zu beginnen und Tränen für eine Sache von Bedeutung zu vergießen. Er sagte, das Leben sei Leere und ich würde keinen Sinn darin finden. Mir kam Nawal in den Sinn, und ich erinnerte mich an ihre Sorgen. Ich sagte nachdenklich: Vielleicht hatten wir weniger Glück als andere, die ihren Weg gefunden haben. Ganz bestimmt werde ich meinen Weg finden. In seinen Augen sah ich denselben nebligen Blick, der mich gefesselt und in mir mütterliche Gefühle hervorgerufen hatte, als ich noch jung war. Jetzt wußte ich, was es bedeutet, der Mutterschaft beraubt zu sein. Ich war in der Gewalt der Unfruchtbarkeit, der Unterdrückung und der verdrängten Gefühle. Ich folgte dem Aufruf ohne Zögern. Ich sagte mit der Aufrichtigkeit einer Mutter, die, was immer auch geschehen mag, zu ihrem Sohn steht: Ganz bestimmt werden wir den Weg finden.

Ich erzählte ihm mein Leben, das ich als vergangen zu betrachten begann. Ich erzählte es ihm in Kurzfassung, ohne Herz und Erinnerung anzustrengen. Ich fühlte, daß das Vergangene gestorben war und daß das Gestorbene nicht verdient, noch weitere Gedanken auf sich zu ziehen, trotz allem, was es mit sich nahm. Ich fühlte außerdem, daß ich von nun an mehr Recht auf die Energie meines Herzens, mein Gewissen und den Puls meines Lebens hatte. Schließlich kam ich zu meiner jetzigen Situation und sagte, daß ich eine Arbeit suche. Er blieb mitten auf der Straße stehen, versperrte mir den Weg und flüsterte mit zitternder Stimme: »Afaf, du bist in Not, und ich bin auf der Welt! Was brauchst du? Verlange, soviel du willst!«

Gerührt schüttelte ich den Kopf, seine Haltung beeindruckte mich. Ich spürte, daß ich auf einen Freund und Bruder, ja sogar auf viel mehr als nur das gestoßen war, daß da mein Seelenzwilling vor mir stand.

Wir stellten uns an eine Verkaufsbude und tranken im Stehen Tee, er kaufte eine Süßigkeit, die ich liebte, als ich klein war. Wir blickten uns gegenseitig an, lächelten und hatten Tränen in den Augen. Die Süßigkeit brach die letzte Zurückhaltung und Vorsicht, nein, vielmehr das letzte, was mir noch an Vernunft geblieben war. Von diesem Augenblick an ließ meine Hand die seine nicht mehr los. Wir liefen im Schatten der Bäume aller Bürgersteige von Gabal Amman, vor aller Augen, und wir scherten uns nicht darum, ob sie uns kannten oder nicht. Uns interessierte nur, daß wir endlich zueinandergefunden hatten, daß wir Hand in Hand gingen und nicht die Einsamkeit verspürten, die uns befiel, als wir noch klein waren.

Ich weinte viel. Wir weinten viel. Manchmal auf einem Stein auf offener Straße und manchmal in seinem Auto, während wir alte Lieder hörten, die noch im tiefsten Innern der Gefühle vergraben waren. Manchmal weinten wir über Dinge, die zum Lachen waren. So weinten wir, trafen wir uns, und so, ohne Umwege, kamen wir zusammen. Als er meine Hände und ich die seinen küßte, spürte ich, daß ich das nahm und gab, was mir auf dieser Welt schon ewig zustand. Er war der Meine und ich die Seine. Alles, was zwischen uns gestanden hatte, war nur ein unglücklicher Zufall und ein schlechter Lebensplan, den nicht wir mit unseren Federn zeichneten.

Wenn ich mich daran erinnere, was geschehen ist, frage ich mich in schmerzlicher Verwirrung: Ist das alles wirklich geschehen? Oder war es nur ein Traum, den sich meine Phantasie ersann, um einen Mangel auszugleichen? Ich empfand alle Liebe, Zuneigung und Zärtlichkeit der Seele; ich war von dem erfüllt, wonach ich mein Leben lang gesucht hatte. Ich empfand eine Wärme, die die gesamte Welt mit einer Flut von Blau überströmte, das nicht einmal der Himmel hat. Auf der Suche nach einem Gefühl, das meinem ähnelte, blickte ich in die Gesichter der anderen. Als ich ihre Bleichheit, Erstarrung, Verdorrtheit und Langeweile sah, war ich zu meinem Erstaunen verwundert und betrübt. Ich fragte mich: Wie können die Menschen ohne Empfindungen leben? Dabei vergaß ich, daß ich Jahre meines Lebens geopfert hatte, in denen ich ohne Empfindung war, daß ich mich widerstandslos im Gefolge der Gebeugten bewegte und daß ich seit vielen Jahren das schmutzige Spiel mitspielte und im Einvernehmen mit einer Lebensweise handelte, die ich verabscheue. Ich beherrschte das Spiel und spielte es gut. Da ich mehr zu den Spielregeln hingezogen als auf sie angewiesen war, verdiente ich den Fluch mehr als andere. Ich war verlogener als sie.

Wenn ich mich jetzt erinnere, ist es kein großer Schmerz mehr, es sind nur noch einzeln tropfende, ratlose Tränen. Der brennende Schmerz und die schlaflosen Nächte sind vorbei. Vorbei sind auch die Qualen und der Nebel der Gefühle, das Wogen einer Welt in zwei Augen, die nichts als das Abendrot sehen. Die Lähmung ist vorbei, die Hoffnung ist vorbei, die Sehnsucht ist vorbei. Nur ein Schimmer ist geblieben, der unerwartet aufflackert. Ohne Reue und ohne Schuldgefühle bekenne ich, daß ich sehr liebte. Mit ganzer Kraft und voller Aufrichtigkeit sage ich, daß ich viel gab, aber nichts nahm, nur bittere Erkenntnis. Ich sagte: »Wir werden wieder von neuem beginnen.«

Ich war überrascht, denn er hatte nicht viel verloren, oder vielleicht wußte er nicht, wo der Verlust war. Dann entdeckte ich, daß ich, weil ich eine Frau bin, die Verliererin war. Auch ihn hatte ich verloren, und der Schmerz war tiefer und schwieriger, als daß er ihn hätte stillen können. Und ich, ich hatte viel gegeben. Ich spürte, daß ich ziellos kreiste und viel Zeit verloren hatte und die Zeit niemals zu vergessen ist. Was werde ich in einigen Jahren sagen, wenn ich eine alte Frau sein werde? Daß ich viel gegeben und nichts bekommen habe?

Tage vergingen, während ich mit ihm herumstreifte. Es gab keinen Klub, den wir nicht betraten. Es gab keine Ausstellung, die wir uns nicht anschauten. Es gab kein Café, in dessen Ruhe wir nicht untertauchten. Wir hatten nun neue gemeinsame Erinnerungen. In einem Café am Straßenrand tranken wir Bier und scherzten mit einem Jungen, der einen Zigarettenstummel rauchte. Bei einem Freund aßen wir zu Mittag, hörten alte Lieder von Abd al-Wahab, saßen im Schneidersitz auf dem Teppich und küßten uns heimlich. An diesem Ort im obersten Stockwerk, an dem ruhige Musik erklang und die Lichter Ammans hinter der Glasscheibe glitzerten, flossen unsere Tränen, während wir uns mit den Händen aneinanderklammerten, aus Angst, uns loszulassen und vor erneuter

Trennung. Er wußte, daß wir uns trennen würden. Ich wußte es nicht, fühlte es, beruhigte mich aber, indem ich mir sagte: Morgen werde ich mich befreien und nur für ihn dasein, morgen wird er sich befreien und nur für mich dasein.

Nawal sagte: »Was ist das für ein Unsinn? Du fliehst vor der Konfrontation mit der Realität, wo ist die Revolution?«

Ich sagte: »Ich fordere sie überhaupt nicht, hast du das vergessen?«

»Dieser Mann ist ein Bourgeois, er spielt mit den Frauen und ehrt sie nicht.«

Ich glaubte es nicht. Ich rief mir meine Kindheits- und Jugenderinnerungen mit ihm zurück, die Spontaneität, die Zärtlichkeit, die wir geschmeckt, und die Gefühle, die wir erlebt hatten. Ich dachte, daß auch ich ein Bourgeois bin, es von meinen Vorfahren geerbt habe, mich das aber nicht daran hinderte, zu empfinden, was ich empfand. Ich sprach offen zu Nawal über meine Gedanken und Gefühle, sie schüttelte nur betrübt den Kopf und widersprach mir eine Zeitlang nicht. Sie öffnete eine Flasche Wein, trank, gab mir zu trinken und erzählte von ähnlichen Erfahrungen, die Freundinnen gemacht hatten. Wie ich hatten sie sich von dem schönen Schein täuschen lassen und waren dann verletzt worden. Ich glaubte es nicht. Ich wollte es nicht glauben. Mit der Zeit begriff ich, daß Nawal Erfahrungen mit dem anderen Geschlecht gehabt hatte. Ich war überrascht, denn ich hatte nicht erwartet, daß Nawal gefühlvoll ist. Doch bemerkte ich, daß Nawal gefühlvoll bis zum Wahnsinn ist. Ich gestand es ihr, sie lächelte sanft und hüllte sich in einen undurchdringlichen Blick und einen merkwürdigen Satz: »Wer sonst ist zur Revolution fähig, wenn nicht jemand wie du und ich?«

Ich dachte lange über ihren Satz nach, konnte aber zu keinem Ergebnis kommen. Vielleicht bezweckte sie, und das ließ mich an ihren Worten zweifeln, daß ich mich ihnen anschloß. Ich sagte es ihr offen, sie aber antwortete mir nicht. Sie sagte nur, daß sie zu jeder Zeit bereit sei, zu diskutieren und von ihrem Standpunkt abzuweichen, wenn bewiesen würde, daß das Gegenteil stimmt. Außerdem meinte sie, daß sie an den Versuch und die Beweisführung glaube. Sie wandte diesen Glaubenssatz auf mich an, denn sie fragte nach jedem Satz, der wie eine unumstrittene Tatsache klang: »Wo ist der Beweis, wo ist das Indiz?« Am Anfang brachte mich das auf, später gewöhnte ich mich daran. Ich stellte fest, daß ich innerhalb von zwei Wochen gelernt hatte, mit längerem Atem zu diskutieren. Ich lernte auch, wie die Beweise und Indizien ohne große Anstrengung zu finden waren. Aber ich stellte fest, daß die Leichtigkeit, mit der ich die Beweise fand, nicht damit zusammenhing, daß sie überzeugend waren, sondern daß ich nicht mehr behauptete, die Dinge seien eindeutig und endgültig.

Ich traf ihn weiterhin. Ich erzählte ihm von meinem einfachen Plan, er schien besorgt. Ich werde die Scheidung verlangen und frei sein. Ich werde arbeiten. Ich werde irgendeine Arbeit machen. Ich werde einen Beruf erlernen. Tagsüber werde ich arbeiten und abends lernen. Wo? Hier in Amman? Was ist die Alternative? Entweder die Westbank oder Amman. Arbeit und Möglichkeiten sind in der Westbank begrenzt. Ich werde in Amman beginnen, sobald ich aber ein Zeugnis und das Handwerkszeug habe, werde ich in die Westbank zurückkehren und dort irgendeine Arbeit machen. Ich vergoß Tränen für eine Sache, die von Bedeutung war. Und du? Was hast du für Pläne? In seinem Gesicht sah ich Ratlosigkeit, dann Flucht.

Ich sprach mit Nawal. Sie sagte: »Habe ich es dir nicht gesagt? Wäre er ein Opfer, würde er dann so weitermachen?«

»Aber er ist traurig!«

»Die Trauer genügt nicht. Beruht eine Beziehung auf Trauer? Ist das das Ziel? Hör auf, Ausreden für ihn zu finden, tu etwas Nützliches! Was hast du bis jetzt erreicht? Du willst in die Westbank fahren, worauf wartest du? Du willst Schreibmaschine schreiben und Stenographie lernen? Worauf wartest du? Los, fang an!«

Ich hielt ihr wieder vor, gefühllos zu sein, sich zwischen zwei parallelen Linien zu bewegen und die anderen Dimensionen nicht zu sehen. Sie fragte mich: »Und du, erfaßt du die anderen Dimensionen?«

Ich dachte, sie spiele auf meine Ehe an und werfe mir unmoralisches Verhalten vor. Tiefer Zorn brach aus mir hervor, und ich verfluchte die Ehe, die Gesellschaft, die Verlogenheit, das Familiensystem, das Herrschaftssystem und die Weltordnung. Dann kaute ich wieder an meinem Schmerz, erinnerte mich an Einzelheiten der Vergangenheit, an Kindheit und Jugend und dachte daran, was ich bisher erreicht hatte. Es ärgerte mich, daß mein Wutausbruch sie nicht beeindruckte und sie keine Reaktion zeigte; sie sagte nur: »Großartig, und wo ist der Weg zur Veränderung?«

Ich wiederholte: »Ich werde mich scheiden lassen, mich befreien und mein Leben neu beginnen!«

Sie aber schrie: »Wann, Afaf? Wann?«

Nawals Fragen halfen mir zu diesem Zeitpunkt nicht, die Wirklichkeit zu verstehen, denn ich versank in meiner Liebe. Die Liebe war meine Zuflucht und mein Fluchtpunkt. Ich flüchtete mich zu ihr, immer wenn sich der Strick fester um mich zog und ich unfähig war, eine Alternative zu finden. Die Alternative brauchte Geduld, Ausdauer und Mühe. Ich aber war erschöpft von meinen Fesseln und hatte es eilig, sie zu brechen, ganz gleich, wie. Ich empfand großen Genuß, wenn ich mir den Zustand meines Mannes vorstellte, der nun zum ersten Mal verlassen war. Zum ersten Mal kehrte sich das Bild um, ich war die Verlassende, nicht die Verlassene. Dieses magische Bild erweckte in mir stets das Gefühl des Heldentums und der Schadenfreude. Die Rache war süß und die Genugtuung Balsam, den ich auftrug, damit sich meine Wunden abkühlten. Ich war nicht dazu bereit, mir eine andere Erklärung für das Bild anzuhören. »Rache statt Veränderung!« Das war, was Nawal sagte. Ich ging hinaus und hatte nichts anderes im Sinn, als noch mehr zu zerbrechen.

An jenem Abend saß ich mit ihm auf dem Balkonrand eines schwebenden Kasinos und trank viel. Ich lachte und genoß es, Trinksprüche von mir zu geben. Ein Wohl auf meinen Vater, den Inspektor. Das zweite Wohl auf meine stolzen Brüder. Das dritte Wohl auf meine edle Familie. Das vierte Wohl auf meine Schwester, die Anhängerin der Walnußtheorie und der Erpressung. Das fünfte Wohl auf das Land, das mich lehrte, den Zwang hinzunehmen und ihn Schutz und Realität zu nennen. Das sechste Wohl auf die Juden, die unseren Schutz und unser Geheimnis enthüllten. Das siebente Wohl auf das Arabertum und die Besatzung. Zum Wohl, zum Wohl, zum Wohl. Ich ergriff die Flasche an ihrem Bauch, goß den Rest auf das niedergeschlagene Gesicht Ammans. Ich weinte. Ich blickte ihn an, und er starrte mich ungläubig, fast erschrocken, an. Während ich in seine ängstlichen, traurigen Augen blickte, fragte ich ihn: »Und du, Liebe meines Lebens, willst du nicht mit mir auf das Wohl anstoßen?«

Er antwortete mir nicht, sondern nahm meine Worte auf und kaute sie schweigend. Vielleicht begann er, seine Haltung mir gegenüber zu widerrufen. Ich fürchtete, ihn für immer zu verlieren. Ich wußte nicht, wie ich den Abend fortsetzen und die Trinksprüche rückgängig machen sollte. Ich dachte schweigend: Soll ich mich von den Trinksprüchen distanzieren, um in seiner Nähe zu bleiben? Es gab eine Geschichte! Eine Geschichte, die mit meinem Dasein begann, als ich lernte, was Fremde und Schmerz bedeuten, als ich lernte, daß das schamlose Mädchen getötet wird. Als ich Ragda al-Milaq kannte und versuchte, meine Zuneigung durch Schmähungen auszudrücken, die meine Eltern in ihrer Meinung von mir bestätigten, und als ich die Ehe kannte, die Entbehrung, die Unfruchtbarkeit und das Gefangensein, all die Stille, in der nur das Geräusch der Waschmaschine und das Miauen Anbars vorhanden sind. Soll ich mich von den Trinksprüchen distanzieren? Soll ich mich entschuldigen? Was bedeutet es, mich zu ändern? Bleibe ich, wie ich war? Und du, meine Jugendliebe, bleibst du, wie du warst? Wir haben uns verändert, o wie sehr haben wir uns verändert, Freund meiner Kindheit? Ich habe mich verändert, und du hast dich verändert, wir beide haben uns verändert, viele Jahre sind verstrichen. Was hast du zu erzählen? Du hast eine Frau geheiratet, die du nicht liebst, und ich habe einen Mann geheiratet, den ich nicht liebe. Wir sind nicht glücklich, bestimmt sind wir nicht glücklich. Wir malen auch nicht mehr mit den Farben. Alles ist schwarz und weiß, die anderen Farben haben wir schon vor langer Zeit verloren. Was sagst du? Sind an mir noch Anzeichen des Wahnsinns? Und auch du, du bist immer noch der blöde Junge, und ich liebe dich noch immer. Ich glaube, worauf wir uns geeinigt haben, ist schöner und ist besser. Mein Herz ist gespannt, sehr gespannt, und meine Seele schwebt. Du bist, wie du warst, aber du bedeutest mir mehr. Mein Leben ist deprimierend, und dein Leben ist deprimierend. Aber sind wir fähig zu verändern?

15

Nie sah ich etwas, das mit dem Apfel vergleichbar gewesen wäre, nicht einmal im Traum, auch nicht in der Kindheit. Er war ein Traum, der mich in Gänge und Gefilde führte, gegen den die Geschichten meiner Großmutter und die der Meerjungfrauen kein Vergleich waren. Nein, nein, er hatte nicht den Charakter von illustrierten Kinderbüchern mit ihren klaren Linien, klaren Farben und klaren Einzelheiten. Vielmehr hatte er den von Bildern, in denen im Hintergrund neblige, transparente Farben verschwimmen und in denen nichts klar oder begrenzt ist. Die Gefühle im Bild sind beladen, aufregend und vermengt mit Geheimnissen, Traurigkeit und gedämpfter Musik, die den Piniennadeln, dem Duft der Zypressen und den Baumwollphantasien entspringen.

Ich schaute sein Profil an, während ich bewegungslos neben ihm im Auto saß. Ich rief ihn mir in allen Einzelheiten in Erinnerung, die ich in mein Innerstes zurücksandte und tief in meine Brust pflanzte, damit sie dort verborgen blieben, solange vom Leben noch etwas übrig ist. Ich schaute aus dem Fenster, sah die Straße verfließen und stellte mir das Leben als eine ziehende Karawane vor, die die Wüste des Sonnenuntergangs durchquert, eine traurige Melodie und ein beklommenes Echo hinter sich lassend. Er sah in die Ferne, der gleiche neblige, traurige Blick, den ich schon seit der Kindheit kannte. Er war noch ein Künstler, verschmolz mit der Musik, rezitierte Gedichtverse in singendem Tonfall, blickte aus seinen Augenwinkeln, lächelte liebevoll und flüsterte: »Ich liebe dich.« Wir sagten nichts mehr, ich legte nur meine Hand in seine, und wir sahen auf das, was von der Straße übrig war, während die Tränen uns lautlos und langsam über die Gesichter flossen. Manchmal seufzte er und flüsterte geistesabwesend: »Wie konnte das geschehen? Warum haben wir es zugelassen, diesen Fehler fortzusetzen?« Ich analysierte nicht und suchte keine Erklärung, wie ich es viele Jahre getan hatte, was Nawal aber als den idealen Weg betrachtete, um überhaupt verstehen zu können. Ich wollte aber nicht verstehen. Ich fühlte nur noch, und die Gefühle beherrschten mein ganzes Dasein. Mein Verstand schweifte, als schwimme er in einem Bassin von Rauch. Meine Glieder waren aufgelöst, als ertränken sie in einem warmen Meer. Meinem Herzen entströmten fließende Melodien, die langsam, ganz langsam aus der Tiefe aufzusteigen begannen, bis sie mit den Wolken in die Weite des Weltalls flogen. Wir sprachen nicht oft, wir blieben stumm in einem klaren Meer der Stille. Dennoch sprachen wir im Schweigen. Ohne die Worte auszusprechen, wußten wir, was mit uns war. Wir spürten es.

Einmal sagte ich zu ihm: »Dieses Gefühl beängstigt mich, mein Verstand ist fort, wo ist er hin?«

Er lachte sehr, liebkoste mich, als wäre ich ein kleines Mädchen und er mein Vater. Manchmal war ich seine Mutter und er mein Kind.

Ein andermal umfing ich seinen Kopf in meinem

Schoß und sagte: »Du bist mein Kind, du bist mein erstes und letztes Kind.«

Ich war nicht traurig, weil ich an meine Unfruchtbarkeit erinnert wurde, sondern weil ich daran dachte, daß er nicht unfruchtbar und der Ehemann einer anderen Frau war, die vielleicht seinen Kopf in ihren Schoß legte und ihn wiegte, wie ich ihn jetzt wiegte. Die Eifersucht machte mich traurig, aber ich gestand sie nicht ein. Dennoch war sie da. Sie bohrte in mir wie Kopfschmerzen. Plötzlich fragte ich ihn: »Und deine Frau?«

Er schwieg, seine Stirn legte sich in Falten, aber unter dem Druck meiner eindringlichen Fragen sah er sich gezwungen zu antworten. Er seufzte häufig, während er mit vielen Unterbrechungen erzählte.

»Ist sie hübsch?«

»Es ist nichts gegen sie einzuwenden.«

»Ist ihr Körper oder ihr Gesicht schöner?«

Er blickte mich bittend, fast schon flehend an: »Afaf, ich bitte dich, warum willst du unbedingt die Stimmung verderben? Laß mich einen Augenblick vergessen, ich bitte dich!«

»Vergessen? Kannst du wirklich vergessen?«

Ich fragte mich, ob ich auch vergessen könnte. Habe ich vergessen, daß ich verheiratet bin? Es gibt aber einen Unterschied. Meine Ehe ist zu Ende, mein ist Mann gestorben. Ich vereinige in mir nicht zwei Leben, er aber tut es.

Einmal fragte ich ihn: »Haßt du sie?«

Betrübt sagte er: »Ich liebe sie nicht. In all den Jahren, die ich mit ihr verbracht habe, habe ich nicht ein einziges Mal zu ihr gesagt: Ich liebe dich.«

Ich flüsterte: »O mein Gott! Wie kann sie sich damit zufriedengeben?«

Auf seinem Gesicht erschien ein Lächeln, dasselbe wie auf meinem, es war ein spöttisches, verbissenes Lächeln, das bedeutete: »Und du, Afaf, wie konntest du dich damit zufriedengeben?« Er wiederholte diesen Gedanken zum tausendsten Mal: Und die anderen Frauen, wie können sie sich zufriedengeben? Und die anderen Männer? Wie? Was ist das für ein Unsinn? Sie leben miteinander und verbieten sich gegenseitig, glücklich zu sein. Warum? Um die Ehe und die Familie zu wahren. Was ist das für eine Ehe? Eine mumifizierte, verlogene, widerliche Ehe, so wie meine? Vielleicht ist es nicht so drückend, vielleicht ist der Mann nicht so gemein und die Frau nicht so träumerisch, sondern realistischer. Vielleicht haben sie gemeinsame Pläne wie Kinder, Haus, Vermögen oder ein gemeinsames Interesse. Vielleicht haben sie bessere Bedingungen. Trotzdem leben sie nicht wirklich. Einmal sagte ich ihm ganz offen, was ich dachte, er schüttelte den Kopf und sagte: »Natürlich müßen die Ehe und die Familie gewahrt werden. Das muß sein.«

Ich starrte ihn an, und unter mir bebte die Erde: die Ehe? Und die Familie? Ich war entsetzt. Zum einen, weil das für uns bedeutete, daß er trotz all seiner Tränen und Trauer nicht daran dachte, sein Leben zu ändern. Zum anderen, weil er die Familie, wie wir sie kannten, als etwas Wunderbares betrachtete – trotz unseres Spottes über Ehe und Familie und trotz der Erinnerungen, die wir vom Grund unserer Kindheit heraufholten.

Ich sagte: »Die gegenwärtige Ehe ist ein Betrug, und die Familie ist ein Kreis, der einen aussaugt. Und ein

Mann, der seine Frau nicht liebt, sie aber dennoch bei sich hält, begeht ein Verbrechen an ihr.«

»Du bist merkwürdig, Afaf, du siehst die Dinge nur in zwei Farben, Schwarz und Weiß! Wie kann ein Mann ein Verbrechen an einer Frau begehen, für die er sorgt?«

»Sorgt er für sie, oder behält er sie bei?«

Während er in den Rückspiegel blickte, sagte er: »Was macht das für einen Unterschied?«

»Wenn er für sie sorgen wollte, würde er ihr den Weg in die Welt freigeben. Aber der Mann tut das nicht, er behält sie unter dem Vorwand, für sie zu sorgen. Das ist Lüge, Lüge. Erzähl mir nichts von deinen Erfahrungen. Vielleicht ist deine Frau genau wie ich, nur mit dem Unterschied, daß ich unfruchtbar bin und mein Mann gemein ist, aber die Gefühle und das Verständnis unterscheiden sich nicht.«

Wir gerieten in Streit und versöhnten uns wieder. Eines Tages erzählte er mir die Geschichte eines Kollegen, der seine Frau nicht liebte, aber ohne sie nicht leben konnte, weil er sich auf sie verließ. Dann fügte er hinzu: »Es gibt einen Unterschied zwischen ihnen, zwischen Liebe und Liebe. Der Mann mag seine Frau, aber er liebt sie nicht.«

Er lachte schüchtern und blickte mich an, damit auch ich lachte, aber ich tat es nicht. Die Bemerkung war vielleicht gewitzt, weil sie widersprüchlich war, aber ihres Widerspruchs wegen auch tragisch und verletzend.

Vorsichtig fragte ich ihn: »Welche von beiden ist wichtiger? Die Liebe oder die Zuneigung?«

»Beide sind wichtig, ein Mann kann nicht mit der einen ohne die andere leben.«

»Und eine Frau?«

»Wenn sie es kann.«

»Also führt bestimmt jeder Mensch zwei Leben, ein Ehe- und ein Liebesleben. Ein offizielles und ein geheimes. Also bin ich dein geheimes Leben?«

»Du bist meine Geliebte, und sie ist meine Frau. Du bist der Traum, die Schönheit und das Schweben der Seele, das Herz und die Gefühle, und sie... Ach, Afaf, warum beharrst du darauf, Leid auszugraben?« Er ergriff meine Hände, küßte die Handflächen und flüsterte hingebungsvoll: »Du bist die Liebe meines Lebens, bedarf es da noch einer Erklärung?«

Ich weinte sehr. Die Dinge waren komplizierter, als ich erwartet hatte. Das Leben war eine geheime Sprache, die meine Gefühle in Wallung brachte, weil sie den Fluchtweg meines Verstandes versperrte, der davon abgelenkt war, die Einzelheiten zu verfolgen. Immer wieder kamen mir widersprüchliche und unvereinbare Sätze in den Sinn, die alle in dem Moment zusammentrafen, in dem mein Verstand ungetrübt war. Ich fragte mich dann: Warum waren wir bereit, mit diesem Fehler weiterzumachen? Ein Mann kann mit der einen ohne die andere nicht leben. Wie sind diese beiden Sätze miteinander zu vereinbaren? Was ist die Erklärung? Wer ist verantwortlich für die Erklärung? Er? Kein Zweifel, er ist ein Opfer genau wie ich, weil er in seiner Ehe nicht weniger unglücklich ist als ich. Aber er widersetzt sich nicht diesen Zuständen, sondern er festigt sie noch. Warum? Wie? Sind diese Zustände seiner Zeit angemessen und seine Gedanken zeitgemäß? Ist es das erste Mal, daß er in solch einer Situation lebt? Ich fragte ihn, er leugnete es nicht. Ja, er suchte nach Liebe, weil er sie brauchte und nicht ohne sie leben konnte.

»Und, hast du sie gefunden?«

»Ich fand sie in dir, dich suchte ich in jeder Frau. Du warst mein Traum, und das weißt du auch.«

»Und die anderen? Kreuzten sie deinen Weg? Was ist der Unterschied zwischen ihnen und der Ehefrau?«

»Die Frau bleibt, und sie gehen.«

Der Stich bohrte sich tief in mein Herz hinein, aber ich sagte nichts. Ich erkannte, wo er mich einordnete oder wo die Situation mich einordnete oder wie das Leben der Menschen einzuordnen war.

Ich ging zu Nawal. Sie saß in ihrer kleinen Wohnung. Ihre Papiere, Bücher, Kaffeetassen und Aschenbecher waren überall verstreut. Sie ließ mich auf dem Sofa Platz nehmen und fragte mich lächelnd: »Bist du aufgewacht, oder träumst du noch?«

Ich wich innerlich von ihr zurück und erstarrte. Ich schwieg lange und zeigte mich niedergeschlagen, angespannt und starr. Eine Weile hielt ich an mich, brach dann aber in Tränen aus und schrie: »Hilf mir, Nawal, diese Wirklichkeit zu verstehen. Ich will verstehen, wie eine Frau wie du lebt. Du lebst ohne Gefühle, aber wie? Sag, bist du kein Mensch?«

Sie schwieg. Durch meine Tränen sah ich zu ihr hinüber, sie stand mitten im Zimmer, umgeben von ihren Papieren, ihren Büchern und einer tiefen Traurigkeit, die sich offenbarte, als sie so dastand. Sie schien groß und hager. Ich saß auf dem einzigen Sofa, mein Gesicht in meine Handflächen und meine Schmach gelegt. Sie näherte sich mir, setzte sich neben mich und begann zu sprechen. Dieses Mal sprach sie mit ihrem Herzen und ihren Gefühlen, und mein Kummer wich. Sie war wie ich, eine Frau, die ihren Weg suchte, wobei ihr Weg aber breiter war, da sie vor mir und in eine andere Richtung zu suchen begonnen hatte. Oder in eine Richtung, die einen anderen Anfangspunkt hat, mich trifft und sich dann in der Ferne verliert. Die Geschichte ihrer Familie war die von Verhaftung, Folter und Verhör. Den Preis zahlen diejenigen, die keine Bestechungsgeschenke kennen. So begann Nawal. Und als wir uns trennten und all die Jahre und als Nawal eine erwachsenen Frau wurde und ihre Männergeschichten? Bitter sagte sie: »Die Männer!«

Sie erzählte. Wir verließen ihr Haus, und sie erzählte. Wir lenkten unsere Schritte in die Nacht, die Menschen schliefen, und sie erzählte. Wir tranken Wein an irgendeinem Ort in dem anderen Gesicht von Amman, und sie erzählte. In einem verlassenen Park, in dem das Zirpen Stille und Ruhe ausströmte, weinte Nawal der verlorenen Liebe nach.

Ich schrie: »Tut ein revolutionärer Mann so etwas? Ist das der Preis für das Flugblatt!«

Die harte Maske fiel von ihr ab, und sie war wie ich eine Katze, die im Winter das Feuer sucht. Nawal weinte zum ersten Mal um sich. Sie sehnte sich noch nach ihm; er hatte sie geliebt und eine andere Frau geheiratet. Warum, Nawal? Warum? Ich schrie im verlassenen Park, so daß die schlafenden Vögel aufflogen und eine Katze aufsprang. »Tut ein revolutionärer Mann so etwas? Warum?«

Seine Cousine, ein kleines Mädchen, das nichts begriff.

Nawal antwortete nicht. Sie blieb auf der Holzbank sitzen und weinte um die verlorene Liebe. Ich stand da und blickte um mich. Die Straßen schliefen, die Häuser waren verschlossen und die Fenster beleuchtet, ein Lied voller Sehnsucht und gequälter Liebe.

Sie weinte, das Gesicht in ihre Handflächen vergraben. Wo ist Nawal? Wo sind ihre Strenge und ihr Stolz? Sie sagte nichts, erklärte nichts und weinte immerfort. Ich stand hinter ihr, umfaßte mit einer Hand ihre Schulter und wischte mit der anderen strömende Tränen ab – Lichter in den Fenstern und das Lied. Dort, in irgendeinem Haus, sitzt er, was macht er? Empfängt er Gäste? Ist er höflich zu den Verwandten? Wiegt er die Kinder auf seinem Schoß? Nawal und ich waren in dem verlassenen Park, die Nacht und das alte Lied. Ich erinnerte mich an Anbar, meine kleine Tochter, meinen Trost und meinen Ofen im Winter. Dieser eisige Sommer ist kälter als der strengste Winter. Was tut er? Lächelt er ihr zu? Was sagt er? Du bist mein offizielles Leben? Du bist anständig, verschließt die Augen und forderst wenig. Und sie ist eine, die den Weg kreuzt, trotz der Kameradschaften und der politischen Fäden. Habe ich es dir nicht gesagt, Nawal, habe ich es nicht gesagt? Nawal gab mir keine Antwort und weinte immerzu in ihre Handflächen.

Ach, wieviel erträgt diese Brust! Wir kennen den Schmerz schon von Kindheit an, der Schmerz aber um den, den wir lieben, ist schwerer. Los, gestehe es ein. Fürchtest du, daß sie sagen, sie sei entgleist? Ein Flugblatt ohne Fleisch und Blut! Farben ohne Blau! Wo ist der Trost? Wo ist der Weg? Der Weg zum Apfeltal. Ein Apfel so groß wie ein Gott ist rot und glänzt wie ein

Rubin. Ich war seine menschliche Hülle. Beschützte ihn vor dem Messer meiner Mutter und dem Messer meines Vaters. Ich bot ihn an, wie Eva es tat, er verschluckte ihn, und so wurde er dann Adamsapfel genannt. Die Lügen genügen, meinen Apfel gibt es seit Eva und Adam, wie aber ist er in seinem Hals steckengeblieben? Ein geheimes und ein offizielles, ich sehe ihn, wie er sich in deinem Hals bewegt, immer wenn du lachst, singst und der Kanone entgegenschreist. Ich sehe ihn, wenn du deinen Speichel schluckst, und erinnere mich, daß in deinem Hals noch eine alte Schuld steckt und daß diese Schuld der Apfel ist. Dieser Apfel ist ein Tal, das jedes Frühjahr fruchtbar wird. Sie nennen es das Apfeltal, morgen werden sie es das Tal Mose nennen.

16

Ich sah die Brücke nicht, sah die Gesichter nicht und hörte nicht die Stimmen der Menschen. Ich war in mich selbst versunken und hörte nur noch das Klagen eines Herzens, das am Abgrund des Lebens plötzlich explodierte. Zum ersten Mal machte ich die Erfahrung einer Liebe, die Gestalt annahm. Viele Jahre sind vergangen, nein, vielmehr ist das ganze Leben im Warten auf die wirkliche Begegnung mit dem Mann vergangen, den ich in meiner frühen Jugend liebte. Wäre er es nicht gewesen, dann wäre es ein anderer Mann mit den gleichen Wesenszügen, dem gleichen Geist und den gleichen Gefühlen gewesen. Jedoch war er es, er selbst, weder ein Abbild von ihm noch ein Ersatz für ihn. Ich hatte ihn in meinem Herzen gesehen, bevor ich ihn mit den Augen sah, und erlebte ihn wie einen Teil meiner blauen Vergangenheit. Durch ihn kehrte ich zu meiner Jugend zurück und forderte von der Welt, was sie mir schon lange schuldete. Die Fracht, der die Welt unbekannt ist, kehrte in die Tiefe zurück, meine Seele schwang sich empor am flackernden Licht einer lodernden Flamme. Ich war eine Frau, war wieder jung geworden und hatte die Lebenslüge einer ausgemergelten Gesellschaft erfaßt. In mir trafen die Windungen der Geheimnisse zusammen, die sich auf der Schwelle meines unfruchtbaren Lebens ausbreiteten. Ich flüchtete mich zu ihm. Er war die Vergangenheit, in der meine Entschlossenheit noch ein glänzend grüner Sproß war. Ich weiß nicht, ob ich in ihm eine Vergangenheit liebte, die für die volle Lebenskraft stand, oder ob ich an ihm liebte, was liebenswert war. In jenen Tagen fragte ich nicht nach meinen Beweggründen, denn das Tabu, das über mich und ihn erhoben worden war, hatte aus unseren Gefühlen eine Wahrheit gemacht, die über jeden Zweifel erhaben war. All meine Fragen drehten sich um die neuen Zwänge, denen ich unterlag. Ich spürte, daß meine ganze Sorge sich darauf konzentrierte, herauszufinden, wo der Fehler in unserem Umgang miteinander steckte, und nicht darauf, die Wahrheit über die Gefühle, die wir füreinander empfanden, zu erfahren. Auf diese Art und Weise verwandte ich viel Kraft darauf, das Tabu zu durchbrechen, anstatt über das reale Ziel nachzudenken.

Jetzt aber, während ich am Abhang des Berges stehe, in die Tiefe des Tales blicke, lausche ich dem Lied der Stille, das im Plätschern des Flusses sich verbirgt, und weiß, daß das Gefühl wahr ist und das Denken das Rüstzeug des Widerstands. Ich weiß auch, daß ich die Liebe nicht hätte lieben können, wenn ich mich den Rahmenbedingungen gebeugt hätte, denn die Rahmenbedingungen wechseln wie der Wind. Das Gefühl aber ist das Geheimnis, das Wunder. Das Wort »Bourgeois«, das Nawal von sich gab, änderte nichts. Es klang in meinem Ohr wie das Summen einer Fliege, die ich mit der Hand verscheuchte, so daß die heilige Stille und die Flügel der Taube zurückkehrten. Ich sagte mir immer wieder: Würde er doch die Wahrheit entdecken, die

Wahrheit, die ich mit den Tränen meiner Augen und dem Blut meines Herzens entdeckte, daß uns der Rahmen festlegt und wir dem Rahmen zuliebe unser Gefühl verlieren und durch die unfruchtbare Wüste wandeln. Das Denken schaltet sich dann ein, um uns aus unserem Dilemma zu retten. Unser Dilemma besteht darin, daß wir die Frustration hinnehmen, indem wir den Rahmen akzeptieren. Eines Tages werden wir den Betrug erkennen, werden aber bereits am Abgrund stehen und uns darauf vorbereiten aufzubrechen. Es wird der Tag der Veränderung kommen. Sie werden da stehen, wo wir heute stehen, wo wir Abdrücke auf einem Felsen hinterließen und unsere Tränen eingravierten. Da, wo wir ein Gefühl verehrten, das aus uns Flußgötter macht.

Ich sah unser Haus, das Haus meiner Familie mit seinen roten Ziegeln, die die Zeit überdauern. Die Stadt war still, obwohl sie sich nach der Niederlage noch nicht beruhigt hatte. Ich durchschritt den von Pinien gesäumten Weg, roch den Duft des Alants. Ich blieb einige Meter davor stehen, betrachtete das Haus, in dem meine Jugend verronnen war. Ich erinnerte mich an den Ort der Farben, an dem mein Pinsel ausbrach und die ersten Tupfer malte, an dem ich dem Vogelgezwitscher lauschte und mir vorstellte, ich sei die Königin des Frühlings und die Belladonna der Geschichten meiner Großmutter. So lebten wir in unserer Zurückgezogenheit mit den Geschichten der Großmutter, jeder in seiner eigenen Welt und abgetrennt von den anderen. Wir hatten keine gemeinsamen Träume, nicht einmal beim Essen. Wir aßen schweigend, jeder fraß seinen letzten Lebensodem und seine Fremdheit in sich hinein. Wenn wir redeten, dann war das auf ein unbedeutendes Ereignis beschränkt, das die Herzen oder Träume nicht berührte. Geschah es, daß ein Wort aus der Tiefe entschlüpfte, spähten wir um uns, um auszumachen, ob ein spöttisches Lächeln oder ein kritischer Blick zu erkennen war.

Meine Mutter kam heraus. Sie trug in ihren Händen einen kupfernen Krug aus dem Nachlaß meiner Großmutter. Auch sie lebte noch in der Vergangenheit. Vielleicht war sie wie ich, suchte in den Papierschnipseln des Alltäglichen das Besondere. Vielleicht fanden wir Gefallen daran, uns Gefühle durch Andenken zurückzurufen. Der Krug war für sie der Duft einer Gegenwart, die fühlbar war. Ich kann mich an sie nur mit ihm erinnern, seit meine Großmutter gestorben war und meine Mutter allein blieb. Er stand dort in einem ihr vertrauten Winkel. Manchmal benutzte sie ihn wie eine Kostbarkeit, manchmal wusch sie sich damit zum Gebet, und manchmal goß sie mit ihm die Blumentöpfe mit dem Arabischen Jasmin und den Hortensien, die den Hauseingang und die Türschwelle zierten.

Meine Mutter war mager geworden, und aus ihren Gesichtszügen waren Herausforderung und Kraft gewichen. O wie sehr schwächt uns die Zeit, Mutter, aber du bist jetzt schöner. Du zeigst heute die Eigenschaften der Seele, die ich früher oft in dir suchte. Ich war wirklich hart. Vielleicht war ich ungezogener als nötig. Jetzt aber kehre ich zurück; die Welt hat mich mehr als damals besiegt. Eine gescheiterte Ehe, eine gescheiterte Liebe trotz der Gefühle und der Aufrichtigkeit des Herzens. Und nichts Großes, Mutter, kein Wissen, keine Kenntnisse, keinen Beruf, keine Pläne und keine Träume.

Ich sterbe in jedem Augenblick und lebe für ihn. Was haben wir getan, Mutter!

Ich weinte in ihrem Schoß. Wir setzten uns auf eine niedrige Mauer unter den alten Pinienbäumen. Sie legte ihre schmale, magere Hand auf meinen Kopf und sprach die Basmala-Formel. Das ist, was meine Mutter vermag. Ich lächelte, während meine Tränen immer weiter flossen. Ich erzählte ihr nicht von meiner jüngsten Tragödie, denn ich wollte sie nicht noch mehr mit traurigen Nachrichten quälen. Die Scheidung, Mutter, ist kein Fluch, aber ich weiß nicht, wie ich es anfangen soll. Immer wenn ich mir sagte: »Ich fang jetzt an«, kehrte ich aus Angst vor dem Anfang um. Ich hatte nicht gelernt anzufangen, ins Ungewisse hinaus. Ich hatte nicht gelernt, Fremden die Hand zu schütteln. Ich kannte die außergewöhnliche Liebe nicht. Dies ist das alte Haus, in dem wir gut erzogen worden sind. Sicherlich stimmt es, Mutter, daß ich zu denken, daß ich abenteuerlustig zu sein und daß ich zu lieben begonnen hatte, aber ich wurde ständig dafür bestraft. Obwohl ich jeder Strafe die Stirn geboten hatte, weiß ich heute, daß ich biegsamer bin als ein grüner Zweig. In meinem Alter sollte ich eigentlich Kraft haben, aber ich bin so kraftlos wie Kamille im Gras.

Sie schaute mich lange an. Sie betrachtete meine Tränen, meine Blässe und meine Trümmer. Ihre Augen füllten sich mit Tränen der Hilflosigkeit, und meine Seele machte einen Sprung. Ich drückte sie fest an mich und verbarg meine Traurigkeit vor ihr. Sie war gealtert, sie war nicht mehr die Mutter, die sie einmal gewesen war. Sie war selbst zu einer vertrauten, bekannten Vergangenheit geworden, wie der Stamm eines Baumes, ohne den ich weder Frühling noch Herbst kennengelernt hätte. Ich bin ein Ast von ihr, die Erweiterung ihrer selbst. Sie ist ein Traum, der sich von meiner Erinnerung bis zu dem Wohnsitz der Stimme ausdehnte. Sie ist von mir, und ich bin von ihr, trotz allem Zweifel. Ohne sie wäre die Wurzel herausgerissen. Du bist die Wurzel, Mutter, wie die Wurzeln des Thymians und der Pfefferminze, wie die Lieder von Sayyid Darwisch, wie der Geruch der Altstadt und wie der Duft eines Zuges aus der Wasserpfeife. Du bist die Identität, du bist das Land.

Ich lief durch die Straßen meiner Stadt. Ich strich durch die Straßen, die sich in der Tiefe meines Gedächtnisses und auf dem Grund meiner Gefühle eingeprägt haben. Alle Bilder kehrten zurück. Ich wurde wieder, wie ich war, und jünger, mit dem Unterschied, daß die Schwermut und die Schleppe der verwelkten Jahre um mich waren. Wieder die gleiche Last und die gleiche Fähigkeit zu fühlen, das gleiche Herzklopfen und die gleiche Bereitschaft, sofort loszuheulen. Ich sah die Menschen mit neuen Augen, nein, vielmehr sind es die gleichen jungen Augen, die fähig sind, das Pochen und den Klang der Stimmen aufzunehmen. Ich spürte den Lebensgeist, der bereits vor der Zeit existierte. Etwas Erhabenes in mir begehrte zu fliegen und sich mit dem Vertrauten zu vereinigen. Dieses Vertraute ist mein Land, ist meine Mutter, eine alte Liebe, die ich zum Leben erwecke, ein Lied, aus dem ich eine Geschichte mache, aus der der Dampf und Duft von gebratenem Käse und Ölfarben aufsteigt. Ich bin überhaupt nicht älter geworden. Ich werde dasselbe kleine Mädchen bleiben. Ich träume von einem Apfel, den alle Menschen sehen, den wir aber nicht essen, sondern verdauen wie eine Geschichte, das Morgengebet, ein klarer Gebetsruf, den der Staub des Tages nicht beschmutzt.

Wir saßen in dem Garten unter den Bäumen, wie wir es früher taten. Außer ihr war niemand mehr im Haus. Und die anderen? Der Vater war gestorben, Gott hab ihn selig. Mein ältester Bruder und seine Familie waren hinter der Grenze, der Brücke, und außer Landes, sie besuchten Verwandte im Ausland. Von meinen Schwestern hatte jede ihr Haus und ihre Verantwortung. Meine Brüder kamen schnell, um mir »Herzlich willkommen« zu sagen, und gingen schneller, als sie gekommen waren. Ich blieb. Meine Mutter und ich, in der Leere des großen Hauses. Ich erzählte ihr von Anbar. Ich beschrieb ihr die Schönheit ihrer Augen, die Schnelligkeit ihrer Bewegungen und ihren wie eine Palme aufgerichteten Schwanz. Ich erzählte ihr von ihren Liebesbeziehungen und den beiden Katern, die sich um sie prügelten und die sie beide zurückwies. Und als sie genug hatte, kehrte sie wieder zu mir zurück, um bei meinen Füßen zu schlafen wie ich jetzt an der Türschwelle meiner Mutter und unseres Hauses, das ich in meinem Gedächtnis bewahrt habe. Meine Mutter lachte, und ihre Augen tränten, als sie von meinen seltsamen Anwandlungen erzählte. Sie sagte: »Du bist immer noch seltsam, aber ich verstehe dich besser.«

Ich küßte ihre Hände und den Rand ihres weißen Gebetsumhangs und sagte: »Ich verstehe dich auch besser, und ich liebe dich mehr als je zuvor.«

Sie erzählte mir von den Sorgen der Welt und der Fremdheit im Haus, in dem es nichts Vertrautes mehr gab. Mein Bruder lebte sein Leben wie alle anderen mit Ehefrau, Kindern und Arbeit. Meiner Mutter blieben nur Erinnerungen und die Pflanzen, die sie um das Haus gepflanzt hatte. Und die Familie? Alle waren gegangen, nur sie war geblieben, einsam wie ein Schwert. Ach, Mutter, du liebst noch die Gedichte. Woher hast du diese Verse? Sie hatte sie von ihren Brüdern auswendig gelernt, als diese ihre Lektionen aufsagten. Meine Mutter hatte sie auswendig gelernt, während ihre Brüder sie längst vergessen hatten. Zu ihren Zeiten lernten die Mädchen nur, die Buchstaben auseinanderzuhalten, und setzten sich dann ins Haus, um auf den Bräutigam zu warten. Meine Mutter hatte Glück, denn sie hatte den Koran lesen gelernt und konnte Gedichte rezitieren. Im Vergleich zu ihr hatte ich auch Glück. Ein Abitur ist besser als nichts. Aber es war trotzdem nichts wert. Was soll ich damit anfangen? Die Erbschaft ist weg, und ich stehe da, ohne Glauben und ohne Welt, mittellos. Wie soll ich ohne die Welt leben? Ich möchte eine Arbeit, von der ich mich ernähren kann. Meine Mutter nickte verständnisvoll mit ihrem Kopf, ohne zu weinen. Sie dachte mit mir darüber nach, wie ich mir einen Weg bahnen könnte. Sie stritt mit mir nicht über die Sünde der Scheidung und Anstand, sondern sagte: »Das macht nichts, ein Abitur ist besser als nichts.«

Ich wandelte durch den Garten. Ich grub Gedanken aus, die ich schon einmal hatte, über einen Felsen, in den wir unsere Tränen eingravierten, damit andere sie fänden und nicht über den gleichen Schmerz weinten. Ich sagte:

Umsonst. Jedes Boot braucht einen Reisenden, jeder Reisende ein Segel und jedes Segel eine Brise. Und ständig dreht sich der Wind. Während er unser Boot nach Norden lenkt, lenkt er die anderen nach Süden. Erst lenkt er die Menschen nach Westen, dann zwingt er sie in Richtung Osten. Mit dem, was wir auf dem Felsen hinterließen, bestätigten wir den Kompaß der Verzweifelten, so wie die Worte meiner Mutter eine Wahrheit bekräftigten, was Nawals Worte nicht vermochten.

17

Ich erwachte in der Morgendämmerung vom vertrauten Trommeln in der Regenrinne. Ich erinnerte mich. Mir wurde bewußt, daß ich immer noch ohne Arbeit war. Gestern war ich auf der Suche nach Arbeit durch die Straßen gelaufen. Ich fragte hier und dort. Ich stellte mich auf die höchste Anhöhe und sah auf die schlummernde Stadt und die traurigen Gehsteige, während die Menschen in der größten Mittagshitze schliefen. Ich sagte mir: Ist es möglich, daß es in der ganzen Stadt keine Arbeit für mich gibt? Ich ging weiter und betrachtete die alten Mauern, an denen wilde Pflanzen und die Gräser der Zeit wuchsen. Ich lief und lief, so daß meine Füße anschwollen. Meine Mutter riet mir, ein salziges Fußbad zu nehmen. Als ich meine Füße in das Salzwasser tauchte, weinte ich; dann schlief ich.

Das Geräusch in der Regenrinne begleitete mich in den Schlaf, wie in meiner Kindheit. Ich sah die Straßen, die von den Straßenlaternen und den Scheinwerfern meines Vaters erleuchtet waren. Er summte immer noch, obwohl er nicht mehr lächelte. Wir verehrten ihn, Gott hab ihn selig. Er war ein heiterer Mann, der das Vergnügen, die Freude und Abd al-Wahab liebte. Ein großes Foto an der Stirnseite des Wohnzimmers erinnerte mich an ihn: Ein weißer Anzug nach der damaligen

Mode, das Haar war nach hinten gekämmt und mit Pomade eingefettet. Er mochte die Liebeslieder. Als wir erwachsen wurden, hörte er auf, sie zu singen, und summte sie nur noch. Ich schnappte sie von ihm auf und sang sie mit dünner Stimme. Er kam aus dem Badezimmer, ging ins Schlafzimmer, öffnete den Koran und las mit lauter Stimme. In diesem Augenblick hielt ich den Atem an und schämte mich zutiefst. Das Bild hing am Ehrenplatz des Hauses. Als ich eines Tages von der Schule zurückkehrte, war dort ein völlig anderes: ein Gesicht ohne Körper, ohne weißen Anzug und ohne eingefettetes Haar. Im neuen Bild war kein Lächeln, ein mürrischer Inspektor mit Röntgenblick und trockenem Haar. Auf diese Art und Weise verschwand das Bild, das Bild des liebenswürdigen Mannes.

Er verrichtete nur zwei von den fünf täglichen Gebeten. Wenn ich morgens erwachte, hörte ich seine weiche, hohe Stimme die kurzen Suren in gedehnter, wogender Melodie rezitieren, mit ruhigem angenehmem Klang. Der gleiche Tonfall, mit dem er die Lieder von Abd al-Wahab nachsang, wenn dieser der Welt seine Leidenschaft anvertraute. Das habe ich von ihm geerbt, die Freude und die schöne Stimme. Würden sie zu den beweglichen Dingen zählen, hätten meine Brüder auch sie unter sich aufgeteilt. Gott sei gedankt, daß ich immer noch singe.

In unserer Kindheit liebte mein Vater Abd al-Wahab ganz offen. Er kaufte sich seine Schallplatten, legte sie auf einen alten Phonographen und sang mit. Manchmal rief er mich ungeduldig: »Afaf, schalte das Radio ein!« Ich sprang vom Teppich auf, ließ all meine kleinen

Sachen liegen, schaltete das Radio ein und begann zu singen. »O meine Welt, o meine Leidenschaft.« Er lächelte mir ermutigend und zustimmend zu, denn ich teilte mit ihm die Liebe zu Abd al-Wahab. Danach liebte ich Farid al-Atrasch, Laila Murad und dann Abd al-Halim. Mein Vater liebte das Vergnügen. Wenn er ihnen zuhörte oder mitsang, wirkte er gelöst und glücklich, und sein Gefühl übertrug sich auf mich. Je älter wir aber wurden, desto mehr verdüsterte sich sein Gesicht, es wurde strenger und gesetzter. Er schimpfte mit uns, wenn wir das Radio einschalteten, um ein Liebeslied oder ein Tanzstück zu suchen. Wir wurden älter, und die Luft elektrisierte sich zunehmend. Das Gefühl von Erwartung befiel die Herzen der Erwachsenen und übertrug sich auf die Kinder. Wir erkannten, daß wir eine kritische Phase durchlebten und daß wir Mädchen irgendwie dafür verantwortlich waren. Das Wort »Ehe« fiel immer wieder.

Ich erwachte aus meinem Schlummer und ließ meine Augen durch das Zimmer schweifen. Dieselben Vorhänge, dieselben Fenster und dieselbe Regenrinne. Das Gesicht des Abwesenden, ich sehnte mich nach ihm. Das Bild meines Vaters sah mich aus einer Ecke an. Es hing nicht mehr mitten im Wohnzimmer. An seine Stelle war das Bild meines ältesten Bruders getreten. Hier ist er nun, in einer abgelegenen Ecke eines verlassenen Schlafzimmers, wo ich jetzt wohne. Mein Bruder hatte meinen Vater von der Wand gestürzt und war an seine Stelle getreten. Der Sohn meines Bruders wird meinen Bruder von der Wand stürzen und an seine Stelle treten. Wer aber wird an meine Stelle treten? Ich erinnerte mich an

Anbar. Ich erinnerte mich an den Traum im Flugzeug und an das Familienfoto und an meine Mutter, die sich im Mittelpunkt aller Bilder befand. Meine Mutter hatte gesagt: »Von dir und mir gibt es kein Foto, meine Herzensqual, meine Zeit ist abgelaufen, aber du bist noch jung.« Ich sagte: »Ich habe doch Anbar, und meine Phantasie ist voller Bilder.« Ich erwartete, den bekannten Aufschrei »Sei realistisch!« zu hören. Doch hörte ich nur die Regenrinne und das Trommeln des Wassers; ich schlief wieder ein. Das Wasser trommelt an die Fensterscheibe und in die Regenrinne.

Ich liebe den Winter. Als ich noch klein war, liebte ich ihn nicht. Er verwehrte mir, mit dem Nachbarsjungen zu spielen. Ich setzte mich, um ihm von dem Hühnerstall zu erzählen, den wir aus Ziegeln gebaut und mit einem Blech überdacht hatten, das wir aus dem Nachbarsgarten geklaut hatten. Der Hühnerstall war so eng, daß ein Hund kaum hineingepaßt hätte. Trotzdem quetschten wir uns beide hinein und atmeten zwischen unseren Knien. Der Regen fiel in Strömen herab und trommelte auf das Blech. Welch eine Entdeckung und welch eine Musik! Vor Aufregung stockte uns der Atem. Ich schämte mich, ihm ins Gesicht zu schauen, als ich seine Stimme mit zitterndem Tonfall sprechen hörte. Er pries Gott, daß wir den Bau des Hühnerstalls beendet hatten, bevor es zu regnen anfing. Mein Gefühl wuchs so sehr, daß ich es im Hühnerstall nicht mehr aushielt und mich in den Regen stürzte. Ich rannte und sprang, und er rannte mir hinterher und schrie. Und ich lachte. Plötzlich prallte ich mit dem Gesicht meines Vaters zusammen. Nachdem er das Auto abgeschlossen und den schwarzen Regenschirm aufgespannt hatte, eilte er zum Haus. Er schaute mich unter dem Regenschirm an. Ich rannte und lachte nicht mehr. Unter seinem Blick überkam mich das Gefühl, daß ich eine schändliche Tat beging; ich zitterte vor Kälte. Er sagte kurz: »Afaf!« Er streckte seine Hand aus, ich näherte mich ihm widerstandslos und ging mit klopfendem Herzen unter dem schwarzen Regenschirm. Der Nachbarsjunge stand noch immer unter dem nackten Apfelbaum, das Wasser floß ihm über das Gesicht, sein Haar klebte an der Stirn, und seine Augen blinzelten unter dem Wasser und starrten. Mit schwacher Stimme flüsterte er: »Afaf!« Ich antwortete nicht und lief eifrig unter dem schwarzen Regenschirm neben meinem Vater weiter, bis wir das Haus erreichten. Als keiner achtgab, schaute ich aus dem Fenster, um den Nachbarsjungen zu suchen. Ich fand ihn nicht. Ich öffnete die Tür, um zu ihm hinauszugehen. Mein Vater fuhr mich an: »Afaf!« Ich schloß die Tür und schaute wieder heimlich aus dem Fenster. Ich fand den Nachbarsjungen nicht. Am Abend hörte ich meinen Vater meiner Mutter zuflüstern: »Das Mädchen ist flatterhaft.«

Dieses Gefühl, das ich im Hühnerstall hatte, und dieses Gefühl, als ich zur ausgestreckten Hand meines Vaters unter dem Regenschirm lief, und dieses Gefühl, als ich verstohlen aus dem Fenster blickte, um den Nachbarsjungen zu suchen. Er hielt mich erst zurück, als ich die Tür öffnete. Warum also hatte ich diese Angst zu spielen auch heimlich? Mein Gefühl, wenn ich malte, wenn ich tanzte, wenn ich die Lieder meines Vaters hörte. Warum verwünschten sie mich? Mein Leben lang hatte ich freundschaftliche Gefühle. Ich wünschte mir von ganzem

Herzen, sie zu erfreuen und sie zum Lachen zu bringen. Ich tanzte für sie, sang für sie, scherzte für sie, küßte sie, schaute ihnen mit großer Zuneigung in die Augen. Sie waren der Mittelpunkt meines Lebens, später war ich der Mittelpunkt, und sie waren mein Umfeld. Ich war in der Mitte, tanzte, flog, sang, und sie waren um mich herum, sangen, lachten und klatschten. Wie oft war ich in meiner Kindheit in dieser Position, unzählige Male. Als ich mir erträumte, eine Tänzerin zu sein, wünschte mir meine Großmutter den Tod, bevor ich erwachsen würde und sie entehrte.

Hinter dem Vorhang ist das breite Fensterbrett. Ich stellte mich auf das Fensterbrett hinter den Vorhang und rief: »Die feurige Tänzerin Afaf!« Ich schlug den Vorhang heftig zurück und begann, mit der Hüfte zu zittern. Manchmal, wenn ich auf dem Weg von der Schule nach Hause war und ein Tanzlied hörte, das ich liebte, rannte ich die Strecke, stieß die Tür auf, warf meine Schulmappe und meine Bücher auf die Erde und stürzte wie eine Rakete auf das Fensterbrett. Kaum hatte die feurige Melodie begonnen, war ich bereits mit der Musik verschmolzen, um mich herum standen klatschende Kinder. Als mein Vater davon hörte, zog er ein Gesicht und sagte: »Dieses Mädchen ist flatterhaft!«

Für dieses Gefühl, das ich im Hühnerstall hatte, und für dieses Gefühl, wenn ich tanzte, gab es eine Erklärung. Sie lautete: flatterhaft. Flatterhaft. Deshalb verwünschten sie mich, ich sollte ja nicht ich selbst werden. Deshalb fürchtete ich die Menschen und ihre Befehle.

Es aber durchzusetzen und ungehorsam gegen sie zu sein, konnte ich trotz meiner Anstrengung nicht lange durchhalten. Sobald mir die Auflehnung vollkommen unmöglich wurde, führte ich ihre Wünsche wie eine Maschine aus. Während ich die erwartete Rolle spielte, war mein Kopf absolut überlastet. Mein Körper befand sich in einem Tal, mein Verstand in einem anderen Tal. Während mein Körper ausgebeutet wurde, riß sich mein Kopf vollkommen los. Meine Phantasie malte weite Flächen grüner Steppen, verschlungene Wälder und verzauberte Höhlen. Die Kinderzeitschriften versorgten meine hungrige Phantasie mit zahllosen Geschichten von List und Abenteuern. Ich liebte die Geschichte des »Haarbaumes«. Es war ein kleines Buch mit weißem Umschlag, ohne Verzierung. Aber darin waren Bilder und Zeichnungen, Menschen und Dschinn. Ich erinnere mich noch an ein Feld mit Blumen aus Edelsteinen, die in den Formen von Augen, Nasen und Lippen wuchsen, wie buntes Glas. Augen aus Diamanten, Nasen aus Smaragden und Lippen aus Rubinen. Was bunt glänzt und funkelt, raubt mir heute noch den Verstand und macht mich wieder zum kleinen Mädchen. Ich frage mich: Diese fest verwurzelte Kindheit, habe nur ich allein das Glück gehabt, sie zu erleben? Und die anderen Frauen? Und all die bunten und funkelnden Perlen? Sind sie ein Symbol für die Flucht, die Flucht zum »Haarbaum« und zum Feld des bunten Glases?

Meine Fähigkeit, mich loszureißen und in meiner weiten, grünen Innenwelt zu leben, schadete mir sehr. Sie schadete mir, da sie mich mit der Dosis an Rauschmitteln versorgte, die mir half, die niederschmetternden Schmerzen zu ertragen. Ich wußte, daß ich in den finstersten Stunden und den engsten Gefängniszellen fähig war, eine Luke in meinem Kopf zu öffnen, durch die ich in eine Welt entschlüpfen konnte, die voller Glanz, Freude, Tanz, Gesang und lächelnder Gesichter war, die vor Gefühl lodern. Die Personen der Geschichten verwandelten sich in Lebewesen, mit denen ich mich so sehr verband, daß ich vollkommen mit ihrer Welt verschmolz. Die farbigen Bilder öffneten mir ätherische und märchenhafte Welten, die ich mit der gleichen Hingabe erforschte, wie ich auch tanzte, die Lieder meines Vaters hörte und in den unbekannten Gefilden der Kindergeschichten und der Welt Sindbads schwebte. Durch die Kunst lernte ich die Menschen mehr lieben. Ich fühlte sie näher, tiefer und sympathischer. Ich verstand sie besser. Ich ging auf sie ein, vergaß mich selbst, identifizierte mich mit ihnen, fürchtete nicht sie, sondern fürchtete um sie vor ihrer Welt und bemitleidete sie. Jetzt aber, wer brauchte das Mitleid dringender? Sie wußten die schwierigen Wege ihrer Welt zu beschreiten. Und ich, ich kannte nur die Flucht! Ihre Welt blieb die ihre, und ich war nicht einmal in meiner eigenen zu Hause. Als ich in ihre Welt hinüberwechseln wollte, prallte ich an die Mauern der Arbeit. Ich kehrte zurück, wie ich geboren worden war, allein. Ich wußte nun, daß ich – in meiner Frechheit – nichts wert war ohne Arbeit.

18

Meine Mutter setzte sich. Der Duft der Wasserpfeife und das Aroma von Kaffee und Kardamom umgaben sie, wie immer, seit ich in dieser Welt meine Augen öffnete. Die Zeiten waren besser gewesen. Die Menschen hatten weniger Sorgen, keine Besatzung, keine Verhaftungen und keine Gefängnisse. Palästina, Jaffa, Haifa, Lid und Ramla und Träume von einem großen Sieg, während Abd an-Nasir gute Nachrichten brachte. Die Zeiten waren besser gewesen, oder vielleicht glaubten wir das nur. Besatzung hin oder her, vielleicht werden wir auch in einigen Jahren glauben, daß das Vergangene besser war. Vielleicht, weil wir geblieben sind und die Segel nicht gesetzt haben. Weil unsere Runden sich nicht verändert haben und auch nicht die Gesichter. Dieselben Gesichter und der gleiche Kaffee mit Kardamom. Der gleiche Klatsch und die gleichen albernen Geschichten. Die gleichen Trauerfeiern und die gleichen Hochzeitsfeste. Wir bargen weiter die Tage in uns und breiteten aus, was verstrichen war. Aber wozu die Worte. Die Zeiten waren besser gewesen. Die Frauen füllten die Räume mit ihrem Geschwätz, und von Zeit zu Zeit ertönte die Einleitung eines Volksliedes, das meine Großmutter noch aus der Zeit kannte, in der sie eine Braut war: »O mein Schönster, o mein Trost, der du mich durch das Feuer der Trennung verbrennst. Die Angst um dich läßt mich nicht schlafen.«

Mir stiegen Tränen in die Augen, und die Frauen zwinkerten sich meinetwegen gegenseitig zu. Sie saßen um meine Mutter herum, wie sie es schon seit Jahrzehnten gewohnt war und wie sie es gewohnt waren. Verwandte, Freundinnen, Nachbarinnen und die Töchter der Nachbarinnen. Gesichter, die ich bereits vor meiner Ehe kannte und die sich daran beteiligt hatten, mich in Mißkredit zu bringen und meinen Ruf in den Schmutz zu ziehen. Dieselben Gesichter, die am Tag meiner elenden Hochzeit gesungen und getanzt hatten. Als ich weinte, hatten sie sich gegenseitig zugezwinkert: »Geschieht ihr recht!« Dieselben Gesichter auch, mit denen ich vertraut war und nach denen ich mich gesehnt hatte, je mehr ich mich von ihnen entfernte. Ich verbarg meine Zuneigung zu ihm, von dem sie mich fernhielten, verbarg meinen Kummer über ihre Freude, als ich von ihm getrennt wurde, und sagte: »Die Sehnsucht nach euch und nach dieser Runde bringt mich zum Weinen.«

Wirklich ergriffen sagte eine von ihnen: »Die Fremde bedeutet Qual, und die Trennung ist eine Brandwunde.« Sie erzählten über Menschen, die sie liebten und die in der Ferne waren. Jede hatte jemanden, der nicht da, fern, ausgewandert war. In unserem Land gibt es keine festen Bindungen mehr, alle Bindungen haben sich gelöst. Und wir singen für den Schönsten, der von uns gegangen ist, und träumen von seiner Rückkehr über die Brücke, über den Fluß und durch den Traum. Ich sehnte mich nach ihm, diese Stimmung brachte mich ihm näher. Sie machte mich wieder zum jungen Mädchen, das in einer Ecke des Wohnzimmers sitzt und den Tragödien der erwachsenen Frauen lauscht. Das sich von ihnen fernhält und sich darüber wundert, wie die Menschen in der Welt ihrer Klagen leben und aus ihr nicht herauskönnen. Es schaut aus dem Fenster zum blassen Horizont, der vom Untergang rot gefärbt ist, es erinnert sich an zwei blaue Augen und wird zu einem Schmetterling. Es riecht den Duft der Wasserpfeife und des Kardamoms, hört die Liebeslieder und die Lieder der Sehnsucht. Eine Frau spielt auf der Laute und erweckt aus dem unbelebten Körper die Melodie des Lebens. Und in den Gesichtern der Frauen, die von der unterdrückten Leidenschaft gefangen sind, zeigt sich eine weit in die Geschichte zurückreichende Sehnsucht. Es herrscht eine Atmosphäre, in der sich die Muwaschschaha mit der Hymne vermischt. O die alten Zeiten. Ich war noch ein Schmetterling, der den Untergang liebte.

Die Frauen erzählten die gleichen Geschichten. Manche Geschichten waren dreist, und andere waren seltsam. Gibt es in meiner konservativen Stadt die Liebe? Sie sprachen von Liebesglut, der Liebenden und dem Liebenden. Ich geriet außer mir; ich erinnerte mich, die Liebende und der Liebende! Ich empfand Widerwillen, machte mich lustig, zog mich zurück und entschwand, weit weg von ihnen. Ich warf mich wieder in den Schutz des Zweifels und war wie üblich darüber bestürzt, daß das die Realität ist, unsere Realität, eine Liebende und ein Liebender. Ich versuchte den Druck, der auf mir lastete, zu mildern, indem ich mir sagte: Sie sind unwissend, sie verstehen nicht. Ich entfernte mich weit von ihnen.

Die Frauen stießen einen Schluchzer aus, der mich aus meiner Abwesenheit zu ihnen zurückholte. Ich hörte eine von ihnen sagen: »Sie ist verrückt, er hat sie verspottet, und sie hat dabei nur verloren.«

Hätte sich die Wand geteilt, um eine Leinwand erscheinen zu lassen, auf der die Geschichte einer Frau in einem billigen ägyptischen Film ablief, ich wäre nicht bestürzter gewesen. Ich krümmte mich vor Schmerz. Dann kam der Satz der gebildeten Tochter einer Nachbarin, die unzählige Jahre an der Universität verbracht hatte. Eifrig sagte sie: »Sie wußte nicht, daß die arabischen Männer, soviel sie auch studieren mögen, dasselbe Bild bewahren. Die Frau ist die Beute, und sie sind die Jäger.«

Ihre Mutter nickte mit dem Kopf, eher stolz auf die Art und Weise, in der ihre Tochter den Satz geäußert hatte, als daß sie den Satz selbst bewunderte. Sie blickte um sich, um zu sehen, welchen Eindruck der Satz auf die anderen Frauen gemacht hatte. Einige hörten ihr zu, andere flüsterten miteinander und stachen anderen die Finger in den Rücken, eine las aus der Tasse und sagte zu einer Frau, die um die dreißig Jahre alt war: »Ein Verlobungsring ist auf dem Grund deiner Tasse, der Bräutigam ist der deine und das Geldgeschenk das unsere.«

Die Frau lachte gluckernd wie ein Zug aus der Wasserpfeife und sagte: »Ich habe nur dich!«

Die gebildete Nachbarstochter richtete die Frage an mich: »Was hast du zu berichten?«

Freundlich sagte ich: »Das gleiche, was auch ihr zu berichten habt.«

Ihr Ton wurde einfühlsam: »Du meinst, es gibt nichts Neues!«

Ich sah ihre Mutter sich zum Ohr meiner Mutter beugen und hörte die meisten Worte, die sie ihr zuflüsterte: »Kinder... Noch eine Frau heiraten... Geh mit ihr zum Samaritaner... Amulett.«

Mir wurde übel, und ich erhob mich von meinem Sitz. Doch die Nachbarstochter hielt mich fest und schaute mich bedauernd an, als würde sie sich für die Worte ihrer Mutter entschuldigen: »Afaf, sei nicht traurig, das sind die üblichen Frauenreden. Was auch immer sein mag, sie sind unsere Mütter. Wenn wir sie nicht ertragen, wer soll sie dann ertragen?«

Der Kloß blieb mir im Hals stecken, und ich sagte: »Du hast recht. Aber reden sie denn über nichts anderes? Ehe, Scheidung, Skandale, Geburt, Unfruchtbarkeit und Männer, die noch eine Frau heiraten?«

Sie hielt mich immer noch an meinem Arm fest: »Was erwartest du? Das ist ihr Leben, sie wissen es nicht besser. Was auch sein mag, sie sind unsere Mütter.«

Zornig sagte ich: »Auch sie sind eine Ursache unseres Schicksals.«

Die Muskeln meines Armes schmerzten unter dem Druck ihres Griffes. Sie flüsterte: »Wir werden ein anderer Grund sein. Hör dir folgende Geschichte an. Ich erzähle sie ihnen. Setz dich hin, Afaf, setz dich. Hört zu, Frauen, hört zu!«

Die Frauen hörten mit ihren Gesprächen auf, eine senkte ihre Hand, mit der sie eine Tasse erhoben hielt, aus der sie las, eine andere brachte ihre Nachbarin zum Schweigen, um zuhören zu können. Schließlich wurde es still im Raum, und nur noch das gewohnte unterdrückte Glückern der Wasserpfeife war zu hören. Die Tochter der Nachbarin erzählte die Geschichte eines Mannes, der eine gebildete und mutige Tochter hatte. Eines Tages wurde ihm gesagt, daß seine Tochter sich mit jungen Männern herumtreibe und das tue, was Gott und das menschliche Gesetz nicht billigten. Es wurde ihm gesagt: »Komm, Mann, und schau es dir mit eigenen Augen an.« Er stellte sich an einen Berg. Seine Tochter und ein anderes Mädchen kamen, von einer Gruppe Männer begleitet. Er folgte ihnen die ganze Nacht bis zu einer Höhle. Dort entdeckte er, daß sie Bomben bastelten. Der Mann begriff und spürte, daß die Welt Tapferkeit erfordert. Aber die Familie und die Ehre der Tochter! Er ging von Stadtviertel zu Stadtviertel, von Café zu Café und sagte: »Meine Tochter ist ehrbar, meine Tochter ist rein, meine Tochter ist mutig und tut, was die Männer tun.«

Dies sprach sich herum, bis es dem Kommandanten zu Ohren kam. War das eine Geschichte! Sie faßten die Aufständischen. Sie schlugen einen, der keine Schläge ertrug, und er sagte aus über die erste Gruppe, ein anderer über die zweite Gruppe und noch ein anderer über die dritte Gruppe. Es waren mehr als fünfzig Aufständische, und sie alle wurden Opfer der Ehre des Mädchens und der Familie.

Die Geschichte war zu Ende, und eine tiefe Niedergeschlagenheit ergriff die Frauen. Sie äußerten sich unzusammenhängend und widersprüchlich. Sie stimmten gemeinsam zu und wichen gemeinsam zurück wie die Wellenbewegungen des Korns, wenn der Wind darüberstreift. Sie schwiegen ein wenig, und eine Frau flüsterte mitfühlend: »Es gibt keine Macht und keine Stärke außer bei Gott!«

Die Nachbarstochter drückte meine Hand kräftig, als gebe sie mir Zeichen über die Frauen, und sagte: »Der Boden oder die Ehre? Sagt, ihr Frauen?«

Und als würde plötzlich ein Streit ausbrechen, tobten im Zimmer die unterbrochenen, widersprüchlichen, aufgebrachten, erregten, wütenden und zornigen Stimmen. Eine schrie und schlug sich dabei krampfartig auf die Brust: »Und morgen werden die Mädchen Jungfern, und es wird um sie geschehen sein. Nachdem die Tochter von Abu Hamdan sich verlobt hatte, sagten sie zu ihrem Verlobten: Was willst du von ihr, nimm dir eine, deren Augen noch verschlossen sind und die noch frisch im Papier eingepackt ist.«

Mein Herz klopfte, und ich fühlte, wie die Schläge mich hoben und senkten. Die Hand der Nachbarstochter drückte mich noch immer, und ich drückte sie. Leinwände rollten sich in meiner Erinnerung aus, und andere schlossen sich, sein Gesicht erschien und verschwand wieder, da das weinende Gesicht Nawals, von dem die harte Maske abgefallen war, da Anbar auf der Palme, und die beiden Kater, da zwei Mädchen, die unter den Flügeln der Nacht Bomben in einer Höhle bastelten, und da Hanan und der dunkle Isam und eine Frau, die auf die Dreißig zugeht und fühlt, daß der Zug abgefahren ist und ihn auf dem Grund ihrer Tasse sucht.

Diese Lektion war mir nicht neu. Ich kannte sie, wie ich das Gesicht meiner Mutter und meine alte Liebe kannte. Wie ich auch die Frauen kannte, die den Weg kreuzen. Ich stand am Fenster, schaute durch die Scheibe und sah die westliche Straße, die leer war, außer vom Geruch des Meeres. Eine Frau mit Kopftuch kroch mit schleppenden Schritten zur Moschee. Wie viele Kinder und Frauen es hier gibt! Gepriesen sei Gott, ihm allein gebührt es, gepriesen zu werden; und wir beklagen uns nicht über mangelnde Ernährung und trockene Brüste. Ich sagte zu ihnen, während meine Nase noch unter der Maske und der Betäubung schmerzte: »Was habt ihr mir angetan?«

Mein Vater sagte: »Was hast du dir angetan?«

Schließlich wurde beschlossen, daß das, was mit mir geschehen war, der Wille des Himmels war.

Meine Mutter sagte: »Warum also das Weinen?«

Ich sagte: »Weil ich mir ein neues Leben wünsche, aber wer wird sich jetzt noch mit meiner Unfruchtbarkeit zufriedengeben? Und Nawal, wer wird sich mit ihr zufriedengeben? Und die Tochter von Abu Hamdan, wer wird sich mit ihr noch zufriedengeben?«

Mit lauter Stimme sagte die Nachbarstochter: »Die Vorstellungen haben sich geändert.«

Ich starrte sie an, meine Augen wurden zu zwei Leinwänden. »Tatsächlich!«

Als Nawal in ihre beiden Handflächen weinte, stand ich da und betrachtete die Häuser, die sich vor ihren Sorgen verschlossen. Ich zählte die erleuchteten Fenster und sagte, daß hinter dem Licht Dunkelheit sei. Eine Frau sitzt im Inneren und leidet unter vielen Kindern und stirbt vor Einsamkeit und Zweifel. Und er sitzt dort im Sessel, nachdem er den ganzen Tag gestanden hat, spielt mit den Kindern und ißt Gerichte, die Nawal nicht kochen kann. Deshalb blieb sie draußen, und ich auch. Zwei Frauen ohne Kinder. Eine, die das Flugblatt trägt, und die andere, die vom Apfel Adams träumt. Und der Tochter Abu Hamdans geschieht es recht, daß sie einsam ist, weil ihre Augen nicht mehr verschlossen sind und sie nicht mehr frisch ist.

Meine Mutter sagte: »Öffne deine Augen!«

Öffnen? Sie sind bereits geöffnet, seit mir der Alaun und die blaue Perle versagt wurden, deswegen wurde mir das Gefängnis zugewiesen. Ich schloß meine Augen, umarmte Anbar und durchschritt mit ihr die Träume. Ich pralle an den Hof des Mondes. Höfe fliegen über Neumonde, und Sterne überfallen den schwindenden Mond. O Mutter, wie mich der Zweifel aufreibt! Ich bin nun schöner als damals. Du sagst schöne Worte, die ich früher nicht zu hören bekam. Aber Nawal verlangt von mir, ein paar Schritte zurückzugehen, um mir eine neue Lektion zu erteilen. Doch ich setze meinen Weg fort und überlege: Ich habe bei ihm noch eine alte Schuld gut, den Adamsapfel. Ich blieb ohne Adam, trotz der Äpfel.

Am Abend weinte ich noch einmal im Schoß meiner Mutter und sagte: »Wo ist der Weg, wie und wo soll ich beginnen? Mutter, ich bin allein gegen die Welt. Ich habe nichts, niemand ist mit mir, ich gehöre zu euch, Mutter. Was soll ich tun?«

19

Ich ging in unserem Garten umher, sprang über eine Steinmauer und befand mich in einem anderen Garten. Es war kein richtiger Garten, nur wenige Bäume, viele Disteln, und er war voll von Felsen. Am westlichen Ende befand sich unsere Höhle. So nannten wir sie: unsere Höhle. Ich spielte mit dem Nachbarssohn Versteck, als wir sie zwischen den weißen Felsen, den Binsen und den gelben Wachsblumen fanden. Ihr Eingang war wie ein viereckiger Rahmen, und im Inneren war sie in der gleichen regelmäßigen Weise geformt, nur etwas größer.

Am Abend erzählte ich meiner Mutter: »Wie schön unsere Höhle ist, sie ist wie ein Schrank aus Felsen geformt, ich habe darin Versteck gespielt.«

»Mit wem?«

»Mit dem Nachbarsjungen.«

Sie starrte mich an, schrie: »Spiel dort nicht mit dem Nachbarsjungen, hast du verstanden!«

»Warum?«

Sie gab mir mehrere Erklärungen, die mir die Haare zu Berge stehen ließen. Die Höhle sei voll von gewaltigen Schlangen und Eidechsen und schwarzen Echsen. Nur wenige Tage später befahl sie uns, in die Höhle zu gehen, um aus ihr einen Zufluchtsort zu machen, in dem wir uns vor den Luftangriffen verstecken konnten. Ich verstand es nicht, ich war klein. Wie alle anderen Kinder nahm ich einen Binsenstiel in die Hand und fegte damit den Boden der Höhle. Er war voll Kot, da die Pflüger sie in ihrer Not benutzten, was auch wir nun taten. Wir versteckten uns in ihr vor den Luftangriffen.

Wir putzten sie. Wir schafften die Steine und Felsen vom Eingang weg, so daß Luft hineingelangte. Wir legten sie mit einer Matte und Kissen aus und stellten einen Petroleumbrenner, eine Kaffeekanne, Tassen, Kaffee und Zucker hinein. Ich wachte frühmorgens auf und eilte mit den anderen in den Garten, über die pinienbewachsene Fläche um unser Haus und auf den unwegsamen Pfad, der zur Höhle führt. Die Dämmerung hatte die Farbe von Schmuck und die Welt eine bläuliche Perlenfarbe.

Das Wort »Palästina« fiel oft. Und wenn mein Vater die Nerven verlor, richtete er Vorwürfe an andere, die ich nicht kannte. Manchmal hörte ich ihn Geschichten über die irakische Armee erzählen. Wenn er ausgeglichen war, scherzte er mit uns, gebrauchte die Worte »Agati und Baba«. Morgens ging ich in das Stadtviertel, sagte die neuen Worte immer vor mir her und schaute den anderen Kindern mit dem Stolz einer Person, die viel weiß, ins Gesicht. Ich weiß nicht mehr, wie ich zu der Kenntnis gelangte, daß Palästina mein Land ist und daß Palästina verloren ist und daß wir eine große Trauerfeier durchlebten. Ich hörte sie immer wieder sagen: »Lid ist gefallen, Ramla ist gefallen, Haifa ist gefallen, und Jaffa ist gefallen«; die Gesichter waren staubig und grau.

Unser Nachbar war eine stattliche Erscheinung und stand in der Blüte seiner Jugend. Er trug khakifarbene Kleider und einen Patronengürtel. Ich mochte ihn sehr.

Er ging an mir vorbei, während ich im Stadtviertel mit seinem Sohn spielte, und streichelte mir den Kopf mit seiner großen Hand. Der Sohn erzählte mir von seinem Vater Geschichten, die seltsamer waren als alle Geschichten, die meine Großmutter erzählte. Meine Mutter sagte über unsere Nachbarin: »Sie ist jung und hübsch, Gott schütze sie vor dieser Welt.«

Ich fühlte, wie mir die Haare zu Berge standen.

Unser schöner Nachbar starb den Märtyrertod. Ein langer Schrei spaltete den Himmel, und ich versteckte mich hinter einem Baum und blickte verstohlen zu unserer schönen Nachbarin hinüber, die sich das Haar ausriß, sich auf den Kopf und die Brust schlug und sich auf dem Boden wälzte. Und mein kleiner Freund stand vergessen hinter ihr, während die anderen seiner Mutter zu helfen versuchten. Mein Freund weinte keine Träne. Sein Mund stand offen, seine Augen waren aufgerissen, und er war sehr bleich. Ich fürchtete mich mehr vor seinem Anblick als vor dem Anblick seiner Mutter. Er stand regungslos da, bewegte seine Augen trotz all dem Lärm nicht. Für eine lange Zeit blieb er in diesem Zustand und spielte nicht mehr im Stadtviertel. Ich sah ihn auf der Straße mit alten Kleidern voller Flicken; er versteckte sich. Er war auf dem Rückweg vom Markt und trug einen Korb mit Sachen für das Haus. Ich rief ihn, er aber antwortete nicht. Dann rief ich ihn nicht mehr, denn ich wuchs zu einem jungen Mädchen heran und begann, mich unwillkürlich zu schämen. Er blieb in meiner Erinnerung der kleine Junge, da sie aus dem Stadtviertel wegzogen, nachdem sich das Viertel gegen sie gewendet hatte, gegen die Nachbarin.

Meine Mutter schluchzte: »Will sie heiraten?« Sie wiederholte Sätze, die sie sofort hinunterschluckte, als sie mich sah, wie ich starrte und versuchte, die Geschichte zu verstehen. Sie fügte hinzu, wobei sie mich übersah: »Und die Kinder, wer soll sie großziehen?«

Bei Sonnenuntergang kamen zwei Nachbarinnen überraschend zu Besuch. Sie gingen mit meiner Mutter in das Wohnzimmer und schlossen die Tür. Ich stellte mich davor, um am Schlüsselloch zu lauschen und zu spionieren. Ich hörte eine von ihnen sagen: »Eine Hure und Herumtreiberin.« Ich empfand ein furchtbares Entsetzen und eine Abneigung gegen die Schönheit unserer Nachbarin, die Witwe. Mein Gefühl sagte mir, daß ihre Schönheit das wahre Geheimnis ihres Fluches sei. Das war, was ich die Nachbarinnen sagen hörte, und ich glaubte sofort an das abschreckende Beispiel. Ihre Weisheit prägte sich in mein Gedächtnis wie etwas, das in der Kindheit gelernt wird. Deshalb versuchte ich eifrig, mich wie ein Junge zu benehmen und die Merkmale der Weiblichkeit an mir zu verbergen. Ich brachte dieses Ereignis mit dem Vorfall um Hanan und den dunklen Isam in Zusammenhang. Beide waren schön, beide waren schamlos, und beide verband eine Geschichte mit einer Höhle. Es wurde gesagt, daß unsere Nachbarin sich in der Höhle versteckte, deshalb befahl uns meine Mutter, die Höhle wieder so herzurichten, wie sie gewesen war. Der Gärtner ging uns voran, er hielt eine Spitzhacke und schlug die Steine und die Binsen, und wir füllten große Körbe mit Sand und kippten sie am Eingang der Höhle aus, bis er verschwand.

Unsere Nachbarin zog aus dem Stadtviertel aus. Sie

heiratete und zog in ein anderes Haus und ein anderes Stadtviertel. Trotzdem blieb sie das Thema, über das hinter verschlossenen oder angelehnten Türen gesprochen wurde. Vieles wurde über sie gesagt, so daß ich sie in den Alp- und Angstträumen sah. Einmal traf ich sie zufällig auf der Straße, ohne auf ihr Lächeln und ihre Freundlichkeit zu reagieren, und gab vor, sie nicht zu kennen.

Das ist meine Stadt, und dies sind die Freundinnen meiner Mutter, und ich werde den gleichen Lebensweg haben. Sie lieben noch immer ihre Besuchsrunden, und sie tratschen immer noch hinter jedermanns Rücken. Ich werde eine schöne Geschiedene sein, und über mich wird man sagen, was man über die schöne Witwe sagte. Auch mich wird kein Mann heiraten, weil ich keine Gebärmutter mehr und keine versprochene Erbschaft habe. Die Runden haben sich nicht geändert und nicht die Gesichter, trotz der beiden Gesichter Ammans.

In Amman hatte ich zwei widersprüchliche Gefühle. Das erste war, daß ich ein Arme bin, die nach Arbeit und einem Stück Brot auf den harten, betonierten Bürgersteigen sucht. Das zweite Gefühl war, daß ich in einem Bassin für Touristen schwimme, das umgeben ist von Zigarrenduft, wunderbaren Blumen, bronzefarbenen Körpern, Badeanzügen und Shorts über strammen Körpern. Ich empfand das gleiche, als mein Vater mit uns nach Jerusalem zog, wo er Inspektor wurde, nachdem er Lehrer gewesen war. Dort zeigte sich mir eine ganz andere Gesellschaft als in der konservativen Stadt.

Jerusalem war touristisch. Eine offene Stadt verschiedener Nationalitäten und Religiònen. Ihr kultureller

Charakter war der Form, nicht dem Inhalt nach anders als die meisten kleinen Städte meines Landes. Es wimmelte dort von Touristen und Christen, die dem Westen gegenüber offen waren, nach Amerika und Europa emigrierten und zurückkehrten, nachdem sie mit der westlichen Kultur in Berührung gekommen waren. In Jerusalem gab es Armenier, Griechen, Familien europäischen Ursprungs, Missionsschulen, Institute, Klubs und Vereine, von denen ich nie vorher etwas gehört hatte. In diesen Klubs sah ich Mädchen in Shorts, die Tennis spielten, englisch sprachen und mit den jungen Männern redeten, ohne sich zu schämen. Manchmal setzte sich ein Inspektor, ein Kollege meines Vaters, der von seiner eleganten Frau und seinen hübschen, künstlerisch begabten Töchtern begleitet wurde, zu uns an den Tisch. Manchmal hörte ich meinen Vater die Fähigkeiten der Inspektorentochter im Malen oder Klavierspielen loben. Manchmal wurden wir in das Haus eines Inspektors eingeladen. Die Väter setzten sich auf einen hübschen Balkon mit wunderbaren und seltenen Blumen. Währenddessen spielten meine Geschwister und ich mit den Söhnen des Inspektors künstlerische Spiele, die ich am Anfang seltsam fand, später aber liebte.

Die Tochter eines Inspektors hatte ein schönes Hobby. Sie malte Gesichter und Formen auf Pappe, nachdem sie die Pappe und das Bild in kleine Quadrate geteilt hatte. Diese Quadrate halfen ihr, jedes Bild zu übertragen und zu vergrößern. Danach malte sie die Formen mit Pastellkreide aus und hatte schließlich ein Bild, das sie sich ins Zimmer hängte.

Ich liebte diese Bilder, diese Farben und den Ausdruck,

der sich nach jedem Bild, das sie hervorgebracht hatte, auf dem Gesicht des Mädchens abzeichnete. Aus Neugier, Bewunderung und Liebe bat ich das Mädchen, mir dieses Malen auch beizubringen. Sie versprach es. Als ich meinen Vater um Erlaubnis bat, einen Freitag in ihrem Haus zu verbringen, erlaubte er es sofort. Denn er blickte mit großer Bewunderung zu dieser Familie auf, lobte ihren Lebensstil und beneidete sie deswegen.

Sie war drei Jahre älter als ich. Ich benahm mich noch wie ein Junge und verbarg die Merkmale meiner Weiblichkeit. Am Morgen dieses Tages aber suchte ich meine besten Kleider hervor. Ich kämmte mein Haar auf natürliche Weise und ließ die strengen Haarspangen weg. Als ich mich von meiner Mutter verabschiedete, rief sie mich zu sich. Ich trat zu ihr heran. Sie strich meine Ärmel und mein Kleid glatt, band mir den Gürtel noch einmal um die Taille und ordnete mein Haar. Ich hatte das Gefühl, ins Schloß des Prinzen zu gehen, schöner als Schneewittchen zu sein. Ich schaute in den Spiegel und sah, daß ich schön war. In mir kämpften unklare Gefühle von Stolz und Angst. Als ich durch die Straßen ging, hörte ich Stimmen, die mich mit Stolz erfüllten. Ich hörte einen alten Mann zu seinem Freund sagen, als ich an ihnen vorüberging: »Schau dir diese Figur an!« Ich war groß, und mein Körper ließ mich erwachsener wirken. Ich hörte Liebesworte, die nicht für mein Alter bestimmt waren. Ich schwebte vor Stolz, mein Herz klopfte, und meine Schritte tänzelten. Doch jäh zerbrach meine Hochstimmung, als ich den Kommentar eines kleinen Mädchens vernahm, das an mir vorbeiging und zu seiner Freundin sagte: »O Gott, wie schön sie ist!«

Sofort erinnerte ich mich an die schöne Hanan und die schöne Witwe und die beiden Höhlen. Mein schönes Kleid war nicht mehr als ein Leichentuch, und meine große Gestalt würde mich zur Beute eines Mannes machen, er würde schamlos zu mir sein, so daß ich mit dem Tod und auf dem Friedhof enden würde. Die Welt wurde schwarz, und mein Herz umnebelte sich. Ich ging wieder mit soldatischem Schritt, doch vergeblich. Ich stolperte vor lauter Angst und Schmerz. Ein lastendes Gefühl von Enttäuschung und Zurückweichen holte mich ein. Ich war in meinem Kleid und meiner Schönheit glücklich gewesen. Ich war mit schwebenden Schritten gegangen und hatte die Welt als strahlend und rein und auch mich als strahlend und rein empfunden. Ich fühlte, daß ich schön war. Doch plötzlich, als ich von den anderen hörte, daß ich schön sei, erschrak ich und erinnerte mich, daß Schönheit ein Fluch ist. Tagein, tagaus hörte ich sie das sagen!

Die Tochter des Inspektors empfing mich begeistert, sofort begann sie mich zu unterrichten. Weil ich, eine Jüngere, über jede Linie und jede Farbe atemlos staunte, demonstrierte sie mir ihr Können begeistert und überschwenglich. Nachdem sie mir einen Umriß vorgemalt hatte, legte sie ein Blatt Papier, ein Lineal und einen Stift vor mich hin und ließ mich die Quadrate einzeichnen. Ich tat es. Sie begann zu malen und wollte dann, daß ich fortfahre. Ich tat es langsam, vorsichtig und behutsam; sie lachte über meine Angst. Ich rechtfertigte mich, ich wolle das Bild nicht beschädigen. Sie sagte, wer keine Fehler begeht, lernt auch nichts. Dieser Satz grub sich tief in mein Gedächtnis ein, ich dachte tage- und wochenlang darüber nach. Nach einigen Monaten überraschte ich sie mit dem gewaltigen Bild eines kleinen Mädchens, welches lachte und einen korallenroten Apfel von wunderbarer Schönheit in ihrer Hand hielt.

Die Tochter des Inspektors stand starr vor meinem Bild und zeigte keine Regung. Ihre Reaktion überraschte mich, und ich fragte sie: »Gefällt es dir nicht?«

Sie sagte, während sie es sich von nahem und von weitem, erst in einer, dann in der anderen Ecke anschaute: »Nicht schlecht!«

Ich war von meinem Bild enttäuscht, und sein Wert minderte sich in meinen Augen. Das Mädchen war auf einmal häßlich, der Apfel nur noch ein leerer, lebloser Ball, und das ganze Bild war nicht mehr die ganze Mühe und Begeisterung wert, die ich darauf verwandt hatte. Die Wirkung all des Zuspruchs, den ich von meinen Schwestern und Freundinnen gehört hatte, verging angesichts der Erstarrung meiner kleinen Lehrerin.

Meine Mutter hatte geprahlt: »Afaf hat das Bild ohne Quadrate gemalt!«

Die Tochter des Inspektors verzog ihre Lippen und sagte höflich: »Ist nicht möglich!«

Ich beschwor eifrig, daß ich es wirklich getan hatte, aber sie schüttelte nur ablehnend und trocken den Kopf. Meine Mutter stellte sich mir zur Seite und beharrte auf ihrem Standpunkt.

Mein Vater mischte sich sofort ein und entschied die Situation, indem er der Tochter des Inspektors schmeichelte: »Dir gilt der Vorzug, denn die wahre Künstlerin bist du.«

Warum sagte mein Vater so etwas? Was bedeutete das?

Warum war er vor der Familie des Inspektors so unterwürfig? Stundenlang grübelte ich, kam aber zu keiner Antwort. Ich konnte meinem Vater nicht in die Augen schauen, so fremd und fern war er mir.

Abends rollte ich mich zusammen und kaute an meiner Enttäuschung. Ich ging am Zimmer meiner Eltern vorbei und hörte, wie meine Mutter beharrlich sagte: »Nein, Afaf ist geschickter als die Tochter des Inspektors.«

Spöttisch sagte mein Vater: »Was hat Afaf denn schon gemalt? Einen Apfel?«

Meine Mutter sagte: »Wichtig ist die Reaktion der Inspektorentochter, sie war neidisch auf Afaf und wollte es ihr nicht eingestehen.«

Ich stand mitten in dem dunklen Flur, und das Entsetzen zerriß mich. Das Wort »Neid« schockierte mich, die Unterwürfigkeit meines Vaters gegenüber der Familie des Inspektors schockierte mich, seine Geringschätzung gegenüber meinem Bild, das er mit dem Wort »Apfel« zusammenfaßte, schockierte mich, und die Haltung meiner Mutter, die durch mich mit den anderen wetteiferte, schockierte mich, das Malen überhaupt schockierte mich. Das Malen war mir so schön und rein gewesen wie Gott. Und plötzlich empfand ich, daß das Malen für mich zerbrochen und nun häßlich, schmutzig und dunkel war. Es war eine Liebe gewesen, durch die ich die Anerkennung der Inspektorentochter und der anderen erlangte, und nun war es Bedrohung durch Haß, Neid und Konkurrenz. Ich hatte nicht gemalt, um mit der Tochter des Inspektors zu konkurrieren, sondern um ihre Freundschaft und ihr Vertrauen zu gewinnen. Nun hatte mir das Malen die Ruhe und die Freundschaft mit der Tochter des Inspektors geraubt. Sie lehrte mich nicht mehr, sie lud mich nicht mehr zu sich ein. Sie besuchte uns kaum mehr, nur zu besonderen Anlässen oder in Begleitung ihrer Eltern. Wenn sie ein neues Bild von mir an der Wand hängen sah, betrachtete sie es heimlich, ohne ein Wort darüber zu verlieren. Ich hörte, wie meine Mutter ein zweites, ein drittes und ein viertes Mal mit mir prahlte, mein Kopf drehte sich. Doch da hörte ich sie eines Tages sagen: »Die Tochter des Inspektors ist neidisch und hochmütig und eine Angeberin wie ihre Mutter und alle Angehörigen dieser Familie. Sie mag es nicht, wenn andere besser sind als sie, und sei es nur bei einer so albernen Sache wie dem Malen!«

Ich war wie vom Donner getroffen, und ich schrie aus mir heraus: »Das Malen ist nicht albern, es ist das Allergroßartigste, und wenn ich erwachsen bin, werde ich eine Malerin und Künstlerin sein!«

Sie starrte mich dabei wütend und spöttisch an. »Und was wirst du malen? Einen Apfel?«

»Ja, viele Äpfel, so groß wie Berge.«

Sie rannte sofort durch das Haus und zerriß das Bild des Apfels und des lachenden Mädchens. Ich weinte, so wie ich damals wegen des geschälten Apfels geweint hatte, als ich noch nicht größer als eine Katze war.

Äpfel – so viele Erinnerungen habe ich! Meine Mutter auch. Ich zupfte an ihrem Kleid, während sie kochte. Ich war noch zu klein, um sprechen zu können. Ich deutete auf den Schrank, sie öffnete ihn, ich streckte eine kleine Hand aus und nahm einen rotglänzenden Apfel. Mutter lachte und küßte mich. Sie ließ mich nachsprechen und das Wort wiederholen: »Sag: Apfel.«

Ich sagte es.

»Sag: Apfel.«

Ich sagte es.

Meine Mutter hockte sich hin und drückte mich fest an sich, ich spürte Wärme und unbeschreibliche Freude. Ich sagte immer wieder »Apfel«, meine Mutter küßte mich voller Sehnsucht. Nun war ich der Apfel, glänzend, rot und schön. Mein Leben lang suchte ich dieses Gefühl, mein Leben lang, ein Apfel zu sein, und sei es auch nur einmal! Ich war es. Ich saß neben ihm. Er parkte das Auto auf dem Bürgersteig. Die Straße war dunkel, die Lichter der Nacht waren wie Perlen über den Berg verstreut. Der Tau der Nacht lag auf dem Auto, die Kühle des Abends, die innere Wärme. Er ergriff meine Hand und küßte sie voller Sehnsucht. Das gleiche Gefühl, ich bin ein Apfel. Ich weinte unter dem Druck der Wärme und der beflügelten Zärtlichkeit. Er sagte: »Du bist zart und schön.«

Ich explodierte, und ich fühlte mich wie ein ungezogenes, kleines Mädchen in einem kurzen Organdykleid, das wild herumrennt und brüllt: »Ich habe es gefunden, ich habe es gefunden, dieses Gefühl.«

Plötzlich das Gesicht meines Vaters, der schwarze Schirm, ich laufe mit ihm ohne Widerstand.

Der Eingang zur Höhle. Er ist noch immer durch Disteln, Steine und Gräser verschlossen. Jahre sind vergangen, seit ich diese Geschichte durchlebte. Die Witwe des Märtyrers, die Mutter der Kinder und meines kleinen stolzen Freundes mit den geflickten Kleidern und den eingekauften Sachen. Sie zog die Kinder groß, doch in einem anderen Haus, bei einem anderen Mann. Die Welt beschützte sie nicht, wie es ihr meine Mutter gewünscht hatte. Sie war jung und hübsch, ohne Mann und ohne Arbeit. Sie war wie ich, stand vor dem Eingang zur Höhle.

Worterklärungen

Abd al-Halim: Bekannter ägyptischer Sänger.
Abd an-Nasir: Ägyptischer Politiker (1918–1970), Symbolfigur der arabischen Nationalbewegung.
Abd al-Wahab: Ägyptischer Sänger.
Abu: Vater von...
Agati und Baba: Irakischer Dialekt. Worte, die Zuneigung ausdrücken.
al-Atrasch, Farid: Bekannter ägyptischer Sänger.
Alaun: Mineral, das wie die blaue Perle als Glücksbringer an der Kleidung der Kinder befestigt wird und den bösen Blick abwenden soll.
Bahia: Ägyptische Sängerin.
Basmala: Aussprechen der Formel: »Im Namen Gottes, des Gnädigen, des Barmherzigen«, die am Anfang jeder Sure steht.
Bilal: Erster Gebetsrufer in der islamischen Geschichte. Er wurde von Gegnern des Propheten Muhammad gefoltert, indem ihm ein Fels auf die Brust gelegt wurde. Er blieb jedoch standhaft beim Einheitsbekenntnis Gottes, daher auch der Ruf »Einer« (Gott ist einer).
Chamsin-Winde: Heißer, sandiger Süd- und Südostwind aus der Wüste.
Dscharasch: Antike römische Stadt in Jordanien.

Dschinn: Unsichtbare Wesen, die schadenstiftend oder helfend ins menschliche Leben eingreifen.
Falafel: Fritierte Buletten aus Kichererbsen und Weizenschrot.
Hummus: Gericht aus Kichererbsen und Sesamöl.
Kibbeh: Gericht aus grobgeriebenen Weizenkörnern und Lammfleisch.
Murad, Laila: Ägyptische Sängerin.
Trommler: Männer, die während des Fastenmonats Ramadan nachts durch die Straßen ziehen und die Fastenden durch Trommeln und Singen zum Essen vor Sonnenaufgang wecken.
Muwaschschaha: Arabisch-andalusisches Strophengedicht.
Nacht der Vorherbestimmung: Die Nacht zum 27. Ramadan, in der nach islamischer Tradition der Koran herabgesandt wurde.
Sayyid Darwisch: Ägyptischer Sänger und Komponist.
Schawarma: Lammfleisch an einem großen, vor einer Flamme sich senkrecht drehenden Spieß.
asch-Schinawi, Kamal: Wegen seiner Schönheit berühmter ägyptischer Schauspieler.
Scheich: In diesem Zusammenhang Geistliche, die Geburtstagsfeste von Heiligen durch Gebet und Gesang leiten.
as-Sind: Provinz in Pakistan.
Taha, Muhammad: Ägyptischer Sänger.
Umm: Mutter von...
Umm Kulthum: Sehr berühmte ägyptische Sängerin.